JAMES PÉREZ

¡ESCRITO ESTÁ!

DIOS QUIERE, BORRAR TU PASADO,

RESTAURAR TU PRESENTE Y TRANSFORMAR **TU FUTURO**

¡Escrito está!
James Pérez
Primera edición primavera del 2016

Copyright 2016
James Pérez

Library of Congress: Control number in process.
Consignados los derechos de Autor. Prohibida su
reproducción total o parcial sin permiso escrito
del autor.

A menos que se indique otra cosa, las referencias
bíblicas han sido tomadas de la versión RVR 1960

ISBN: 978-0-9914396-4-5

Printed in USA

"El libro "**Escrito Está**" es un libro maravilloso que cautiva al lector de inmediato. "Escrito Está" enseña principios bíblicos fundamentales profundos y relevantes. Más que un libro, es un recurso invaluable para todo creyente que desee experimentar el poder real de Dios en sus vidas.

Su autor, el evangelista James Pérez, es un hombre que vive lo que predica y lo vive con pasión y entrega. Es un hombre visionario y emprendedor, que conoce y experimenta la Palabra de Dios y que intencionalmente la enseña y ministra.

Como comunicador profesional cristiano que llego a decenas de miles de personas diariamente a través de los medios de comunicación he decidido usar este libro como recurso para bendecir a otros.

Recomiendo ampliamente este libro y a su autor el evangelista internacional James Pérez".

Pedro Luna

CEO de la agencia cristiana mundial de promoción, publicidad y medios Pedro Luna Communications Group & Gerente de marketing, promoción, eventos y productor/presentador del programa "Buenos Días Familia" de la emisora Génesis 680 en Tampa, FL USA.

El Evangelista James Pérez siempre trae una palabra fresca y puntual de parte de Dios. Así como sus poderosas predicaciones por muchos años han edificado al cuerpo de Cristo, de la misma manera este valioso libro traerá crecimiento y fundamento a la fe de todo el que lo lea.

Carlos **Rodríguez**
Pastor
Apple Valley CA

Dedico este libro con todo mi corazón a mi gran Dios por ser mi única inspiración y el dador de toda buena dadiva a mi vida.

También quisiera agradecer a mi ayuda idónea, mi maravillosa esposa Samara que nunca me ha dejado solo atravesó de estos 20 años de matrimonio; me siento el hombre más afortunado de la tierra por haberme dado una amiga, una compañera en el camino, la que me ayuda a extenderme más allá de mis propias limitaciones y la que me hace sentir un hombre feliz y completo. Gracias Samara por ser el viento que me hace volar como un águila y reconozco que sin ti nunca hubiera logrado escribir este libro.

Agradecido con mis dos mayores regalos Sabrina & Jamses que son los que me impulsan a seguir queriendo ser mejor, pues sé que aunque yo piense que nadie me está viendo; ustedes están vigilando cada acción que yo tomo para poder imitarme. Por eso me esfuerzo para poderles dejar el mejor legado. Amar a Dios por sobre todas las cosas!

Gracias a mis padres Ramón y Mary Pérez por haber puesto en mí el fundamento de amar a Dios y su palabra.

Gracias al pastor Mario Oseguera por ser un mentor de inspiración a mi vida.

Dedicación

CONTENIDO

PRÓLOGO POR PASTOR MARIO OSEGUERA *Pag. 13*

1 ESCRITO ESTA *Pag. 17*

2 EL EXTRACTO DE LA PALABRA *Pag. 33*

3 LOS 8 PACTOS *Pag. 51*

4 DESPÓJATE DE TU PASADO *Pag. 63*

5 VERDADERAMENTE LIBRES *Pag. 87*

6 RESTAURANDO TU PRESENTE *Pag. 101*

7 TRANSFORMANDO TU FUTURO *Pag. 115*

8 CREE LA PALABRA, TÓMALA Y PERMANECE EN ELLA *Pag. 123*

DIOS QUIERE, BORRAR TU PASADO,
RESTAURAR TU PRESENTE Y TRANSFORMAR **TU FUTURO**

J A M E S   P É R E Z

Prólogo

"El libro escrito esta" es un libro maravilloso, no solo porque trae un contenido riquísimo pero también porque quien lo escribe es una persona muy positiva. He tenido la bendición de conocer a nuestro hermano James Pérez desde hace ya muchos años e incluso él fue quien nos ayudó a comenzar el ministerio juvenil en nuestra iglesia Ríos De Agua Viva y conozco su testimonio desde muy cerca.

Una cosa muy notoria que he visto en el pastor James es: Usted nunca lo verá hablando negativamente, ha sido un ministro joven que ha atravesado por momentos muy difíciles en su ministerio, pero siempre lo encontrará positivo, persistiendo y marchando en su trabajo que Dios le ha encomendado; ahora como evangelista internacional es una bendición escucharlo predicar pues este hombre nunca le defraudará en su predicación ya que siempre le traerá un mensaje positivo y de ánimo al pueblo.

A través de la enseñanza de este libro el pastor Pérez nos da herramientas poderosas en nuestras manos, herramientas que si se ponen en práctica pueden liberar a cualquier persona de la angustia, de la tristeza o depresión. "Sólo tienes que decidir leerlo".

El señor Jesús en la prueba más grande de su ministerio venció a Satanás con la pura palabra. ¿Qué deberías de hacer tú cuando estés pasando por semejante situación? Lo que hizo nuestro maestro: <<"Porque ejemplo os he dado, para que como yo os he hecho, vosotros también hagáis>>". Y como en este libro ya lo ha expuesto el pastor James: Jesús nos enseño un modelo poderoso en el encuentro que tuvo con Satanás en el desierto, es hora que nosotros sigamos el mismo modelo para recordarle a Satanás lo que ¡Escrito Está!

Sin lugar a duda que este libro inspirará a todo Creyente, Pastor, Líder o evangelista a correr y tomar nota de cada capítulo, pues estoy seguro que usted querrá predicar desde su púlpito o en su estudio bíblico cada tema que aparece en estos escritos.

En los últimos años ha estado creciendo la tecnología, y esta a su vez ha traído mucho entretenimiento y distracción aun al cristiano, de tal manera que se ha olvidado la lectura de la palabra escrita; hoy es el tiempo donde tener biblias está al alcance de todos; biblias de toda clase, de todos colores, biblias en audio, en DVD etc.

Pero estamos en un tiempo que pocos cristianos leen la biblia, por ello es conveniente poder meditar de una manera más profunda sobre este tema, ya que al parecer los momentos que muchos leen su contenido es solo cuando asisten el domingo a su servicio, y después toda la semana se olvidan de la lectura de la misma; esto se ha vuelto un tema muy ligero aun en los púlpitos de las iglesias; ante esta situación es necesario estudiar la importancia de conocer la biblia y sobre todo el impacto que debe producir en nuestras vidas al echar mano de las promesas que allí están escritas.

Si lo duda busque el Salmo 119 el salmo más grande de la Biblia y todo este salmo por ciento setenta y tres versículos nos exhorta a leer la Biblia y a la vez a darnos cuenta de los beneficios de su palabra.

El libro Escrito Está, es un hermoso libro que traerá liberación, fe, fortaleza, salud y una amplitud motivacional tal como lo explica en su libro su propio autor.

Oseas 4:6 lo escribe de esta forma: "Mi pueblo perece por falta de conocimiento" Usted pudo haber sido una víctima, pero no permita ser una víctima para siempre, pudo haber sufrido pero al conocer el poder de su palabra usted no seguirá siendo más la perilla de Satanás.

Este libro sin duda es uno de los mejores libros para leer, pues usted se dará cuenta al comenzar a estudiar sus primeros capítulos. Lo testifico porque fue una bendición especial desde el momento que comencé a leer sus primeras líneas.

Al abrir sus primeras páginas notará que el libro está tan entendible, que usted no querrá dejar de leerlo. Le recomiendo este libro porque sé que será de mucha bendición para su vida. Adquiéralo; pues estoy seguro que será una fuente de ayuda para su vida porque: ¡Escrito Esta!

Hermano Pérez realmente le felicito por este libro, "Escrito Esta" que será un gran regalo de enriquecimiento espiritual para todas las iglesias y para toda vida que lo adquiera.

¡Bendiciones!

Pastor Mario Oseguera.
Iglesia Ríos de Agua Viva
Pomona California

¡Escrito Está!

¡ESCRITO ESTÁ!

James Pérez

¡Escrito Está!

Entonces Jesús fue llevado por el espíritu al desierto, para ser tentado por el diablo... "
El respondió y dijo:
Escrito está: No sólo de pan vivirá el hombre...
Escrito está: No tentarás al Señor tu Dios...
Escrito está: Al Señor tu Dios adorarás, y a él sólo servirás. Mateo 4:1 al 11

El duelo que se presentó en el desierto entre Jesucristo y la serpiente antigua (satanás) fue dar a conocer el principio de la veracidad y autoridad que tiene la palabra ya escrita, pues notamos que Jesucristo en este encuentro, No hizo ningún tipo de negociaciones con satanás, siendo Dios no se defendió con nuevas palabras, o aún más; siendo él la misma palabra como lo declaró Juan 1:1 no fabricó una nueva defensa, sino que le recordó a satanás lo que ya estaba escrito. Es por ello que pronunció tres veces con seguridad lo siguiente:

1-Escrito *está*- No solo de pan vivirá el hombre sino de toda palabra que sale de la boca de Dios.
2-Escrito *está*- No tentaras al señor Tu Dios
3-Escrito *está*- Al Señor Tu Dios adorarás, y a él sólo servirás.

Si analizamos bien este episodio podemos encontrar a un Jesucristo enseñando una lección de principios, pues como tal no se reinventó un nuevo principio para intercambiar palabras con Satanás;

Jesús usó lo que ya estaba escrito mostrando así un principio, la palabra no puede ser re-inventada o re-inscrita; es como en cierta ocasión se cuenta que en una noche nublada en el mar, un capitán de un barco vió lo que parecían las luces de otra nave que se dirigía hacia la suya. Hizo que su encargado de comunicación por luces se contactará con el otro barco.

-Cambie su curso diez grados al Sur – envió el mensaje.

-Cambie usted su curso diez grados al Norte – recibió la respuesta.

-Soy un Capitán – contestó el comandante – así que cambie su curso diez grados al Sur.

-Soy un marino de primera clase – recibió la respuesta - y cambie su curso diez grados al Norte.

Este último intercambio enfureció al capitán en su totalidad, así que este devolvió la señal.

-Soy un acorazado... cambie su curso diez grados al Sur o aténgase a las consecuencias.

-Y el marino respondió – Y yo soy un faro. Así que cambie su curso diez grados al Norte!

Aunque nos parezca Graciosa esta anécdota, el mensaje es directo: No importa el tamaño de la nave, ni el rango del que la esté manejando, el faro simplemente no cambiará su curso. Era permanente y fijo. Solo el Capitán tenía la alternativa de corregir el curso o no.

En este caso el Faro es como la palabra, es inalterable, incambiable, invariable, inquebrantable; es eternal y ya está escrita; mejor dicho es irreversible No Cambia! Pues la palabra no hace distinción de edad, raza, credo, género o prestigio; Todo el mundo está igualmente sujeto a ella. Es por ello que Jesucristo siendo Dios mismo en este encuentro no cambió el curso de la palabra, simplemente dijo: ¡ESCRITO ESTÁ!

El problema con nosotros es que muchas veces nos dejamos intimidar por las insinuaciones y artimañas que el enemigo usa para atemorizarnos y nos olvidamos de recordarle lo que ya está escrito.

Aplicamos lo que muchos piensan de la ley de la gravedad. Usted podría decirme: voy a subir a un Quinto piso y lanzarme al vacío para romper la ley de la gravedad; pero se dará cuenta que usted jamás romperá esa ley; de lo contrario esa ley lo romperá a usted ya que esta ley no puede ser cambiada.

Los pilotos por ejemplo se rigen por los cuatros principios del vuelo: Gravedad, Propulsión, Fuerza aerodinámica y Resistencia al viento.

Al igual que el capitán del barco de la anécdota que acabamos de leér solo pueden elegir si se guían por la regla de lo que ya está pautado o sufren las consecuencias. Pues; aunque los valores motivan la conducta los principios y leyes gobiernan las consecuencias. Es por ello que Jesucristo adoptó LA PALABRA!

Jesús nos enseño un modelo poderoso en el encuentro que tuvo con satanás en el desierto, es hora que

nosotros sigamos el mismo modelo para recordarle a satanás lo que ¡escrito está!

-Cuando satanás llegué para convencerte de que no existe un Dios, Recuérdale:
- *¿Quien posicionó las estrellas en los cielos? Génesis 1:15*
- *¿Quien encendió las llamas del sol? Génesis 1:16*
- *¿Quién rota el mundo en su eje? Génesis 1:8*
- *¿Quien le dio forma y moldeo a las grandes Montañas? Amós 4:13*
- *¿Quien reunió las aguas del gran océano? Génesis 1:6*

Cuando satanás llegue para desanimarte y decirte que Dios no te ama, Recuérdale:
- *¿Porque murió en la cruz del calvario por mí? Lucas 24:7*
- *¿Porque siendo rico, se hizo pobre para enriquecerme? 2 Corintios 8:9*
- *¿Porque su Misericordia me alcanzo cuando yo no la merecía? Efesios 2:4*
- *¿Porque su gracia me da favor todos los días? 1 Corintios 15:10*
- *¿ Porque sus bendiciones son nuevas cada día para mi vida? Lamentaciones 3:22 & 23*

Cuando satanás llegue para confundirte de que la escritura es solamente un libro, recuérdale:
- *Que es un libro de poder y autoridad,*
- *Que es un libro de eterna verdad y justicia,*
- *Que es un libro de Instrucción y revelación,*
- *Que es un libro de preciosas promesas y provisión,*
- *Que es un libro que guiara mi destino para obtener la recompensa.*

Cuando satanás llegue para recordarte de tu pasado pecaminoso, recuérdale:

- *Dios derramó su preciosa sangre por tu salvación,*
- *Dios te lavo, te limpio y te purifico en él,*
- *El acta de decreto que había en tu contra, fue abolida en la cruz,*
- *Las cosas Viejas pasaron, he aquí todas son hechas nuevas,*
- *Ya no vives tú, sino Cristo vive en ti.*

Cuando satanás llegue para decirte que no puedes vivir una vida victoriosa, Recuérdale:

- *Que todo lo podemos en Cristo que nos fortalece,*
- *Que mayor es el que está contigo que el que está en el mundo,*
- *Que somos más que vencedores por medio de aquel que nos amó,*
- *Que no importando la situación, la gracia de Dios siempre es suficiente*
- *Que Dios es fiel y no te da más carga de la que puedas llevar.*

Si damos un vistazo sobre las reglas y normas por las que terrenalmente nos regimos nos daremos cuenta de la importancia que tiene la escritura plasmada en un papel para ejercitar autoridad en su totalidad. Como ejemplo tenemos:

La constitución es la norma suprema de un Estado de derecho soberano, es decir, la organización establecida o aceptada para regirlo. La constitución fija los límites y define las relaciones entre los poderes del Estado (poderes que, en los países occidentales modernos, se definen como poder legislativo, ejecutivo y judicial) y de estos con sus ciudadanos, estableciendo así las bases para su gobierno y para la organización de las instituciones en que tales poderes se asientan. Este documento busca garantizar al pueblo sus derechos y libertades.

Si hablamos de los contratos encontraremos que se inventaron para plasmar y firmar en un papel, los acuerdos alcanzados entre dos o más individuos que de esta forma, esos acuerdos se respetaran hasta sus últimas consecuencias.

También tenemos como ejemplo la validez de un testamento, ya que este es un acto jurídico que expresa la voluntad del testador "quien realiza el testamento" para que una o varias personas adquieran su herencia después de su fallecimiento.

Con esto trato de explicarte el interés que Dios tenía en plasmar por medio de la escritura todo lo declarado de su boca como la misma autoridad para la posteridad y así recordarle a cada generación que tuvieran presente el poder de Dios bajo la escritura como la garantía de sus derechos y autoridad ante los ataques del enemigo.

Quien creería que este manuscrito sagrado contaría con:
1,189 capítulos
31,163 versículos
773,693 palabras
3, 566,480 letras y
2,930 personajes.

Se valió de unos cuarenta escribas para registrar en estos 66 libros su Palabra inspirada. *"Toda Escritura es inspirada de Dios"*, es decir, las Escrituras Griegas Cristianas junto con *"las demás Escrituras"*. *(2Pe 3:15, 16.)* Esta expresión, *"inspirada de Dios"*, traduce la voz griega the·ó·pneu·stos, que significa *"insuflada por Dios"*. Al 'respirar' sobre hombres fieles, Dios hizo que su espíritu o fuerza activa actuase sobre ellos, dirigiendo así la escritura de su Palabra, de modo que la *"profecía no fue traída en ningún tiempo por la voluntad del hombre, sino que hombres hablaron de parte de Dios al ser llenos por el espíritu santo"*. *(2Pe 1:21; Jn 20:21, 22*

Cuando Dios da la orden de escribir

A través de la escritura podemos encontrar un poder muy significativo en una orden dada por Dios para accionar mediante la palabra "ESCRIBE" dejando así por ende la simplicidad pero al mismo tiempo la profundidad de ejecutar su poderío y autoridad al ser escrita; mencionaremos algunos versos para que usted mismo se dé cuenta la importancia de la escritura para Dios:

1. *Éxodo 17:14: Y Jehová dijo a Moisés:* **ESCRIBE** *esto para memoria en un libro, y di a Josué que raeré del todo la memoria de Amalec de debajo del cielo.*

2. *Éxodo 34:27: Y Jehová dijo a Moisés:* **ESCRIBE** *tú estas palabras; porque conforme a estas palabras he hecho pacto contigo y con Israel.*

3. *Isaías 8:1: Me dijo Jehová: Toma una tabla grande, y* **ESCRIBE** *en ella con caracteres legibles.*

4. Isaías 30:8: Ve, pues, ahora, y **ESCRIBE** esta visión en una tabla delante de ellos, y regístrala en un libro, para que quede hasta el día postrero, eternamente y para siempre.

5. Jeremías 30:2: Así habló Jehová Dios de Israel, diciendo: **ESCRIBE** en un libro todas las palabras que te he hablado.

6. Jeremías 36:2: Toma un rollo de libro, y **ESCRIBE** en él todas las palabras que te he hablado.

7. Jeremías 36:28: Vuelve a tomar otro rollo, y **ESCRIBE** en él todas las palabras primeras que estaban en el primer rollo que quemó Joacim rey de Judá.

8. Ezequiel 24:2: Hijo de hombre, **ESCRIBE** la fecha de este día.

9. Ezequiel 37:16: Hijo de hombre, toma ahora un palo, y ESCRIBE en él: Para Judá, y para los hijos de Israel sus compañeros. Toma después otro palo, y **ESCRIBE** en él: Para
José, palo de Efraín, y para toda la casa de Israel sus compañeros.

10. Habacuc 2:2: Y Jehová me respondió, y dijo: **ESCRIBE** la visión, y declárala en tablas, para que corra el que leyere en ella.

11. Apocalipsis 1:19: **ESCRIBE** las cosas que has visto, y las que son, y las que han de ser después de estas.

12. Apocalipsis 2:1: **ESCRIBE** al ángel de la iglesia en Efeso: El que tiene las siete estrellas en su diestra, el que anda en medio de los siete candeleros de oro, dice esto:

13. Apocalipsis 2:8: Y **ESCRIBE** al ángel de la iglesia en Esmirna: El primero y el postrero, el que estuvo muerto y vivió, dice esto:

14. Apocalipsis 19:9: Y el ángel me dijo: **ESCRIBE**: Bienaventurados los que son llamados a la cena de las bodas del Cordero. Y me dijo: Estas son palabras verdaderas de Dios.

15. Apocalipsis 21:5: Y el que estaba sentado en el trono dijo: He aquí, yo hago nuevas todas las cosas. Y me dijo: **ESCRIBE**; porque estas palabras son fieles y verdaderas.

Dijo entonces Jesús a los judíos que habían creído en él: Si vosotros permaneciereis en mi palabra, seréis verdaderamente mis discípulos; y conoceréis la verdad, y la verdad os hará libres. San Juan 8:31-32

Este verso explica claramente que muchos leen la palabra pero no permanecen en la palabra, si no permaneces en la palabra no puedes llamarte un verdadero discípulo pues la misma escritura nos deja saber que cuando permaneces te conviertes.

Permanecer Significa: Mantenerse sin cambios en un determinado lugar, condición o convicción.

Al analizar la palabra permanecer, podemos ver con claridad que nos da una estructura inamovible de cómo nosotros debemos de estar arraigados a lo que ya está escrito; pues Jesús hizo hincapié al decir..."Si permaneciereis" que quiere decir si persistes, si sobrevives, si te quedas, si continuas, si perduras, si perseveras entonces serás llamado verdaderamente mi Discípulo.

Permítame relatarle mi perspectiva del porqué muchos cristianos viven una vida arruinada teniendo en sus manos la respuesta a todas su necesidades. Cristianos que aparentemente viven muy por debajo de los privilegios y posibilidades que Dios ha hecho disponibles para ellos.

Estas grandiosas y maravillosas bendiciones y beneficios, son difíciles de creer cuando observamos el comportamiento de los que nos llamamos cristianos.

La palabra de Dios contiene promesas y provisiones que no han sido poseídas, tomadas, adquiridas, dominadas, yacidas, atesoradas, conquistadas, y mucho menos aprovechadas.

Más aún;
- Hay tantas promesas que no han sido reclamadas,
- Hay tantos beneficios que se han pasado por alto,
- Hay tantas bendiciones que no han sido obtenidas,
- Hay tantas provisiones que no han sido lo suficientemente deseadas,
- Hay tantos privilegios que por ignorancia no han sido tomados.
- Hay tantas oportunidades que no han sido lo suficientemente apreciadas.

Para muchos cristianos:

- Las puertas de la oportunidad están abiertas pero ellos pareciera que nunca han caminado por ellas.
- La mesa del señor está servida pero pareciera que nunca han comido de ella.
- La fuente de agua de vida está fluyendo pero pareciera que nunca han tomado de ella.
- La solución de sus problemas están en sus manos pero pareciera que nunca la aplican en sus vidas.
- La respuesta a sus preguntas están disponibles pero nunca toman ventaja de ellas.
- El camino está marcado claramente para ellos pero pareciera que siempre anduvieran perdidos.

En hebreos 13:5 Mateo 28:20 Isaías 41:10 Deuteronomio 4:31 salmos 9:10

El Señor nos promete que él nunca nos dejará solos, que él nunca nos abandonara pero muchos cristianos aparentemente viven vidas solitarias. Donde han creído que todos los han abandonado y es por eso que ellos se sienten;

Que deben cargar la cruz solos.
Que deben enfrentar sus tormentas solos.
Que deben de sufrir sus aflicciones solos.
Que deben de tomar decisiones solos.
Que deben de resolver sus problemas solos...Y
Que deben de pelear sus batallas solos.
Pareciera que muchos se sienten que deberían de lidiar con las circunstancias solos sin que nadie los ayude, sin que nadie le extienda la mano ni aún Dios mismo.

Por haber fallado de tomar los beneficios de las promesas de Dios; han dejado que la soledad los plague.

- Durante la oscuridad de la noche.
- Durante la luz del día.
- Durante del frío del invierno.
- Durante el calor del verano.
- Durante la severidad de la tormenta y
- Durante la intensidad del dolor.

Y ellos también han dejado que la soledad los plague durante la duración de la angustia y la desesperación. Como resultado de sentirse solos han permitido:
Que sus corazones se desanimen.
Que su espíritu se sienta derrotado.
Que sus pensamientos sean depresivos.
Que sus actitudes se vuelvan rebeldes y sus vidas se vuelvan defectuosas.

Con este sentir de soledad muchos cristianos han sufrido solo por no haber tomado lo que ya está escrito para ellos y se ha olvidado que:

El cielo y la tierra pasarán, pero mi palabra no pasa. Mateo 24:35 El cielo y la tierra pasaran, pero mis palabras Jamás pasaran. (NVI)

En el mundo espiritual encontramos tres clases de personas:

1 - El Incrédulo
2 - El Creyente
3 - El Creyente Incrédulo

Usted me preguntara, pastor: ¿Cuál es el creyente in-crédulo? "El que Cree en la palabra hasta que tiene que aplicarla en su vida".

Es por ello que te invito en esta jornada a que tomemos posesión de las promesas; porque ¡ESCRITO ESTÁ!

2

CAPÍTULO

El
Extracto
De La Palabra

¡ESCRITO ESTÁ¡

James Pérez

El Extracto De La Palabra

A través de los años de ministerio y de servir a Dios he aprendido valiosas enseñanzas los cuales me han hecho crecer como persona y como cristiano. Durante este periodo de tiempo he observado a muchos creyentes fieles a Dios y a una iglesia con un corazón que anhela agradar a Dios, pero he notado un factor común entre nosotros los que nos llamamos cristianos, y es este:

Tenemos la palabra de Dios, la Biblia; pero lamentablemente no la escudriñamos, tenemos la palabra escrita que Dios nos dejó y aunque frecuentemente la leemos, y la llevamos al servicio pareciera que no nos hemos dado cuenta que hay grandes promesas y bendiciones que no reclamamos.

Si nos pudiésemos comparar con la abeja. La abeja no pudiese extraer miel de las flores si solo se limitará a contemplarlas. Tampoco el cristiano puede sacar ningún provecho o beneficios de las divinas promesas hasta que su fe eche mano y penetre en las intenciones de las promesas de nuestro Dios. Y para ello no puedes simplemente oír o creer en la promesa; debes creer el extracto puro de La promesa y aferrarte a ella. Por lo general no soy amante del jugo de naranja; debido al desagradable sabor ficticio que este me genera al momento de consumirlo.

Pero en cierta ocasión en unos de mis viajes al hermoso país de México me deleite mucho cuando disguste de un delicioso Jugo de naranja natural y cuando digo natural me refiero recién exprimido; pude saborear la pulpa o mejor dicho el extracto mismo de la naranja; cabe decir que fue una experiencia espectacular a mi paladar. La nueva modalidad de la jugo terapia nos educa un poco también acerca de los aportes saludables al ingerir el extracto puro de las frutas y vegetales sin azúcares añadidas ya que estos aportan grandes beneficios a nuestro organismo.

Ahora cuál es la diferencia del extracto? El extracto es la sustancia sustraída de la materia prima, es decir sin ningún tipo de preservativo o ingrediente anexado que altere su sabor natural. Este principio intensifica que las promesas dadas por Dios vienen sin ningún tipo de alteración que pueda afectar o desviar de forma negativa; de las promesas ya pronunciadas por su boca.

Recuerda ya está escrito para ti y no hay proceso irreversible. Decláraala! Créela y hazla tuya.

Hablaremos sobre el Poder, Autoridad, Dominio y revelación de las promesas de la palabra de Dios.

ESCRITO ESTÁ!

Porque la palabra de Dios es viva y eficaz y más cortante que toda espada de dos filos; y penetra hasta partir el alma y el espíritu, las coyunturas y los tuétanos, y discierne los pensamientos y las intenciones del Corazón. Hebreos 4:12

Cada vez que leo este verso, me llama la atención la frase. ' Que penetra hasta partir el alma y el espíritu, las coyunturas y los tuétanos"...

En una continua búsqueda siempre mi pregunta ha sido como se parte el alma y el espíritu y como se penetra hasta los tuétanos?

Pregunta: "¿Cuál es la diferencia entre el alma y el espíritu del hombre?"

La palabra "espíritu", se refiere sólo a la parte inmaterial del hombre. La raza humana tiene un espíritu, pero nosotros no somos un espíritu. Sin embargo, en la Escritura, sólo los creyentes, aquellos en quienes habita el Espíritu Santo, se dice que están *"espiritualmente vivos" (1 Corintios 2:11; Hebreos 4:12; Santiago 2:26), así como los no creyentes están "espiritualmente muertos" (Efesios 2:1-5; Colosenses 2:13). En los escritos de Pablo, el "espíritu" era el eje de la vida espiritual de un creyente (1 Corintios 2:14; 3:1; 15:45; Efesios 1:3; 5:19; Colosenses 1:9; 3:16).* El espíritu es el elemento que le da al hombre la habilidad para tener una relación íntima con Dios. Siempre que se usa la palabra "espíritu", se refiere a la parte inmaterial del hombre, incluyendo su alma.

La palabra "alma" se refiere no solamente a la parte inmaterial del hombre, sino también a la parte material. Más que el hombre tenga un "espíritu", el hombre es un alma. En su significado más básico, la palabra "alma" significa "vida". Sin embargo, la Biblia va más allá de la "vida" y se adentra en muchas áreas. Una

de esas áreas es el deseo del hombre por pecar (Lucas 12:26). El hombre es malo por naturaleza y por consecuencia, su alma está corrompida. El principio de la vida es quitado al momento de la muerte física (Génesis 35:18; Jeremías 15:2). El "alma" como el "espíritu" es el centro de muchas experiencias espirituales y emocionales (Job 30:25; Salmo 43:5; Jeremías 13:17). Siempre que la palabra "alma" es usada, puede referirse toda la persona, viva o después de muerta.

El "alma" y el "espíritu" son similares en la manera en la cual son usadas en la vida espiritual del creyente. Son diferentes en sus referencias. El "alma" es la visión horizontal del hombre con el mundo. El "espíritu" es la visión vertical del hombre con Dios. Es importante entender que ambos se refieren a la parte inmaterial del hombre, pero sólo el "espíritu" se refiere al caminar del hombre con Dios. El "alma" se refiere al caminar del hombre en el mundo, ambos material e inmaterial.

Según el diccionario los tuétanos es la sustancia grasa y blanca que se encuentra en el interior de los huesos; o sea la médula.

En el estudio del desgloso de la palabra penetrar encontré que se deriva del Latín "Penetrare"; que significa llegar al interior o fondo de algo. Este verbo se formó a partir de la raíz de muchos adverbios; entre ellos me llamó la atención el adverbio "Penoris"que significa despensa, provisión de bienes y víveres que permite sobrevivir. Esta palabra también llegó a entenderse como la parte más interna y profunda de una morada;

de allí surge el nombre "Penates" un nombre de la Costumbre idólatra y supersticiosa romana para diosecillos domésticos; que según los romanos cuidaban de la despensa y de que no hubiera escasez en la familia. La raíz de "Penetrare" es la misma que de la palabra "Penuria". Literalmente; lo que este verso nos enseña es que no hay dolor, angustia, desesperación, conflicto, agonía, tristeza; es decir absolutamente nada que la palabra de Dios no pueda hacer y donde la palabra de Dios no pueda llegar.

La palabra de Dios es viva, porque participa de la vida misma de Dios que la inspira, la sopla 2Timoteo 3:16. No solo es viva, sino que es vital Juan 6:63, 1 Pedro 1:23-25. Es también operante, eficiente como Dios mismo. Cuando por la dureza del corazón, no causa vida, no por eso vuelve vacía: Causa juicio. Es tajante, cortante, más que cualquier espada de dos filos.

Pongamos real atención a esto: El vocablo que aquí usa el autor sagrado para espada es "MAKHAIRA", el mismo de efesios 6:17. Mientras que en todos los citados lugares de apocalipsis, el vocablo Griego es "RHOMPHAIA", la espada larga de ataque.

La "Makhaira" es una daga corta, que en efesios 6:17 significa la defensa "cuerpo a cuerpo" mientras que aquí es figura de bisturí del cirujano y está destinada a curar al herido. Mientras que la "Rhomphaia" de apocalipsis está destinada a destruir al enemigo.
La mención de alma, espíritu, coyunturas y tuétanos no tiene por objetivo describir la parte del que se compone el ser humano, sino sólo la más onda penetra-

ción en los pensamientos mismos y en las intenciones del corazón.

En este discernimiento de la palabra de Dios que llega a los últimos rincones del ser, lo que hace que el hombre quede totalmente desnudo y al descubierto ante los ojos de Dios. Es muy probable que el autor sagrado tuviese en mente las víctimas destinadas al sacrificio como carneros, machos cabríos y ovejas degolladas, colgadas del cuello y abiertas por medio, de forma que el sacerdote podía observar si la víctima tenía algún defecto interior, la aplicación al terreno espiritual es clara: Así quedamos, con el bisturí de la palabra de Dios, expuestos ante la mirada de Dios y aun ante nuestras propias conciencias. No es cierto que, con frecuencia, al oír mensajes punzantes decimos en nuestro interior eso va para mí y sentimos como si nos abrieran con un bisturí?

Porque la palabra de Dios: Edifica, re-edifica, transforma, levanta, sana, anima, rompe cadenas, liberta, perdona, es decir; Las Escrituras trazan el camino a Dios.

*Nos prueban su bondad.
*Nos describen su poder y santidad.
*Nos circunscriben a su amor.
*Su capacidad de mejorarnos es inobjetable.
*Nos enseña lo mejor de nuestro Señor: Su fidelidad, Su pacto y Su salvación.
*Nos promueve ser capaces, sabios y liberados de nuestros pecados.
*Lámpara para el que está en oscuridad.

*Ley para el transgresor.
*Esperanza para el deprimido.
*Sabiduría para el aprendiz.
*Brújula para el perdido.
*Agua para el sediento.
Más que un libro, más que un escrito... La Palabra de Dios es, ¡Viva, eterna y eficaz!
En fin no alcanzarían palabras para describir lo que la palabra de Dios es y puede hacer.

El pueblo de Dios siempre ha tenido una relación intensa con la Escritura; Los judíos con el Antiguo Testamento, y la iglesia cristiana con el Antiguo y el Nuevo Testamento.

Tanto los cristianos como los judíos hemos sido llamados «la gente del Libro». Desde el comienzo de la iglesia, los cristianos han reconocido que las Escrituras han sido inspiradas por Dios.

La palabra Griega para <<Inspirado>> significa, literalmente que <<Dios lo espiro>>: Según el diccionario la palabra ESPIRAR, significa: Expulsar de lo interno a lo externo, es decir es la esencia de la palabra expulsada por Dios.

«Toda la Escritura es inspirada por Dios» (2 Timoteo 3:16).

Para los hijos de Dios la Biblia debería ser sencillamente irremplazable en sus vidas; ya que es la misma palabra de Dios espirada >>"La esencia de la palabra

expulsada"<< Esta palabra Debe de ser usada como Dios lo ordena; porque:

¡ESCRITO ESTÁ!

Deuteronomio 6:6, 7, 8, 9 "6 Y estas palabras que yo te mando hoy estarán sobre tu Corazón y las repetirás a tus hijos, y hablaras de ellas estando en tu casa, y andando por el camino, y al acostarte, y cuando te levantes. Y las atarás como una señal en tu mano y estarán como frontales entre tus ojos y las escribirás en los postes de tu casa y en tus puertas.

Es decir, un mandato para el ciclo cotidiano de nuestro agitado diario vivir, para animarse, para instruirse, para adorar, alabar y para guiarse en tiempos de duda y confusión. La clave que Dios está dando en este mandato es:

Repite la Palabra para que puedas atar con la Palabra y posteriormente puedas recibir lo que está escrito en la Palabra.

¡ESCRITO ESTÁ!

Mateo 18:18 "De cierto os digo que todo lo que atareis en la tierra será atado en el cielo y todo lo que desatareis en la tierra, será desatado en el cielo".

Pues la promesa de Dios es algo así como la pesca Milagrosa relatada en Juan 21 que una vez lanzada la red al mar bajo la orden de su palabra, inmediatamente al regresar la red al bote surgió el efecto de la palabra declarada para convertirlo en un poderoso milagro nunca antes visto.

Es decir, todo lo que sale de tu boca, agarrado de la promesa de Dios no puede regresar vacía, porque:

¡ESCRITO ESTÁ!
"Mi palabra que sale de mi boca; no volverá a mí vacía, sino que hará lo que yo quiero, y será prosperada en aquello para que la envié." Juan 21

Quisiera en brevedad poder explicarles la diferencia entre
Oir la Palabra,
Creer en la Palabra y
Creer la Palabra.

Oír la Palabra de Dios te puede dar fe, pues:

¡ESCRITO ESTÁ!
La Fe viene por el oír, oír la palabra de Dios. Romanos 10:17

Pero cualquiera puede oír de algo bueno; no podemos creer ni afirmar de algo que solamente oímos. Es por ello que muchas personas creen en la Palabra de Dios; pues creer es afirmar la existencia de algo o alguien. Pero creer la Palabra de Dios es totalmente diferente, ya que creer la palabra; es intencionalmente afirmar con certeza de lo que ya está escrito, es decir; es creer totalmente la veracidad de que su Palabra es ley, es verdad y se debe de cumplir a como dé lugar. La Palabra de Dios es irreversible.

Tengo un ejemplo muy común de las peticiones de muchas personas que desean sanidad.

La gente llama pidiendo oración porque oyen que Dios les puede sanar; oír de que Dios sana no tiene ningún efecto. Hay otros que llaman diciendo que creen en la palabra de Dios cuando dice que solo debemos creer y seremos sanos en su nombre, pero la diferencia más grande la encontramos cuando creemos la Palabra Porque:

¡ESCRITO ESTÁ!
Por sus llagas YA fuimos curados... Isaías 53:5

Me explico:
-El primer punto de oír, no tiene efecto aunque te pueda dar Fe,
-El Segundo punto de creer en la palabra te hace partícipe de creer en la existencia del que puede hacer la obra en tu sanidad y
-El tercer punto de creer la Palabra que ya está escrita te hace testigo con certeza de la promesa que ya te fue hecha y es totalmente irreversible; porque es promesa y debe de cumplirse por ley y verdad, así que; te amparas en ella, la declaras, la crees y la recibes.

Todos de alguna u otra manera en nuestras vidas hemos prometido algo, bien sea amor en un altar, compañía en la soledad, estar en algún lugar, Amistad, fidelidad, lealtad, compromiso etc.

Muchos hemos prometidos ser diferentes en algún rol bien sea ser: un mejor padre, madre, esposo/a, hijo/a, Cristiano/a, abuelo/a, tío/a, yerno, nuera etc. Muchos también hemos prometido cambios en algún tipo de comportamiento tales como:

Dejar malos hábitos, dejar adicciones, dejar malas compañías o gente que influye de una manera negativa en tu vida, dejar vicios, relaciones abusivas, dejar la mentira etc.

En fin prometer es algo común en los seres humanos, psicológicamente prometer nos hace sentir bien consigo mismo ya que nos da esperanza de lograr un compromiso para demostrar nuestras habilidades para alcanzar ciertos objetivos.

Según la etimología de "PROMETER", la palabra prometer viene del latín "PROMITTERE" y significa: decir una cosa antes de hacerla, verse obligado a hacerlo.

Según el diccionario de la gran academia de la lengua española, la definición de prometer es obligarse a hacer, decir o dar algo a otro.

Si Dios prometió en un conjunto de promesas que ya fueron escritas en un libro sagrado que llamamos biblia; entonces traduciríamos según el diccionario de la gran Academia Española: Dios se ve obligado a hacerlo o mejor dicho a cumplirlo sin reversa, porque:

¡ESCRITO ESTÁ!
Números 23:19 Dios No es hombre para que mienta, ni hijo de hombre para que se arrepienta. Él dijo y ¿no hará? Hablo, y ¿no ejecutara?

Con más razón, rectifico que él no es un Dios irreversible lo que el diccionario nos especifica acerca de la palabra PROMETER- es sencillo:

Dios Ya sabía de antemano lo que estaba prometiendo porque sabía que lo cumpliría.

Otros recursos nos dan el significado de la palabra PROMETER como:
-Obligarse a realizar una determinada acción.
-Asegurar la certeza de lo que se dice.
-Ofrecer solemnemente el cumplimiento de lo que se ha dicho.
-Mostrar Esperanzas de lograr una cosa positiva.
-Darse mutuamente.

La confianza es la base para construir relaciones personales, espirituales o profesionales muy sólidas. La Confianza no surge de la noche a la mañana, todo lo contrario, ganarte esa confianza tiene un precio y ese precio es cumplir lo que usualmente prometes. Cuando cumples lo que prometes tus palabras comienzan a ser el reflejo de tu carácter; recuerda:

La conducta es la exteriorización de las convicciones que llevamos dentro.

A través del desarrollo de este libro estaremos hablando acerca de las Promesas de Dios para su creación o sea; Usted y Yo.

En una búsqueda intensa por comprender lo que Dios ha prometido a través del tiempo en su palabra, ha habido personas que se han dado a la tarea de estudiar para saber en realidad cuantas promesas hay en la biblia y estadísticamente han concluido en un promedio de entre 1260 a 3573 promesas escritas en este sagrado libro.

Las promesas divinas para nosotros la creación de Dios son declaraciones para concedernos bienestar y aún eliminar el mal, para Dios es la manifestación del cumplimiento de lo que él puede hacer por medio de la ejecución de lo que él YA ha prometido. Hay tres pasos en la evolución de una promesa de parte de Dios:

***Primer Paso**- Su propósito interno de ejercitarlo:
El propósito interno que anhela el Señor para con su creación, es como lo que el padre anhela para un hijo, cuando esa criatura nace y lo tiene en sus brazos por primera vez; aun cuando ese bebé no tiene conciencia de su presente o futuro, el padre ya anhela internamente darle los beneficios de un futuro prometedor. Es por ello que la santa palabra declara el anhelo interno de Dios como nuestro padre que promete planes de bienestar y un futuro lleno de esperanza para con todos sus hijos, pues;

¡ESCRITO ESTÁ!
"Yo sé cuáles son los planes que tengo para vosotros declara el Señor, planes de bienestar y no de calamidad, para darles un futuro y una esperanza. Jeremías 29:11

***Segundo Paso**- Dar a conocer los beneficios de la promesa: Cuando Dios escogió a Abraham para hacer pacto con él; le hizo promesas reveladoras de los amplios beneficios que llevaban adjuntas a ellas, pues la intención de Dios cuando hace pactos de promesas es dejarnos entender con claridad la variedad de beneficios que adquirimos junto con su promesa, porque:

¡ESCRITO ESTÁ!
Hare de ti una nación grande, te bendeciré,

Engrandeceré tu nombre, Serás bendición, bendeciré a los que te bendijesen, los que te maldijesen maldeciré y serán en ti benditas todas las familias de la tierra. Génesis 12:2

Sin más preámbulo no me queda más nada que concluir que las promesas de Dios vienen injertadas con sus maravillosos beneficios.

*Tercer Paso - La real ejecución del propósito de la promesa: Nosotros sinceramente queremos vivir de tal manera que Dios sea glorificado y que nuestras decisiones se desarrollen dentro de la voluntad de él. Pero la real ejecución del propósito de la promesa de Dios es enseñar su poderío a su máxima expresión por medio de la confianza que nosotros generamos cuando con certeza y paciencia creemos en lo que aún no hemos visto, porque:

¡ESCRITO ESTÁ!
No perdáis pues vuestra confianza, que tiene grande galardón; porque os es necesaria la paciencia, para que habiendo hecho la voluntad de Dios, obtengáis la promesa. Hebreos 10:35& 36.

Es por ello que es indispensable tomar posesión de las promesas que nos pertenecen. Pues Dios para poder demostrar su poder nos deja saber por medio de los labios del apóstol Pablo que experimentó la ejecución máxima del poder de Dios en su vida a través de estas líneas.

Y aquel que es poderoso para hacer todas las cosas mucho más abundantemente de lo que pedimos o entendemos según el poder que actúa en nosotros. Efesios 3:20

3

CAPÍTULO

Los 8 Pactos

¡ESCRITO ESTÁ¡

James Pérez

Los 8 Pactos

<<Masquil>> Termino Hebreo de este salmo que significa instrucción para sabios y entendidos.

El problema que enfrentamos hoy los creyentes de Jesucristo va muy atado a lo que la sociedad ha tratado de vendernos y por ende, hemos juzgado las promesas escritas en el libro sagrado comparándolas a esta sociedad caída en principios morales. Es difícil en estos días encontrar verdad en el mundo que nos rodea, pues se ha perdido la confianza y la integridad que nuestros antepasados nos enseñaron. Pues recuerdo los dichos de mis abuelas cuando contaban sus famosas historias de hacer tratos estrechando sus manos y dando su palabra de honor, ellas contaban que en aquel entonces no existía contratos, ni papeles sellados por notarios públicos para avalar un pacto; era suficiente sólo decir: "te doy mi palabra con un buen apretón de manos".

La palabra PACTO del Latín PACTUM, es un acuerdo, alianza, trato o compromiso; cuyos involucrados aceptan respetar aquello que estipulan.

Hacer un pacto o mejor dicho llegar a un acuerdo de compromiso con alguien para llevarlo a cabo o ejecutarlo se necesita de cualidades de integridad que conforman tu carácter para proporcionar veracidad y confianza de que no habrá un cambio de opinión bajo ninguna circunstancia para desviar el compromiso y llegar a la ejecución de dicho pacto. Es interesante leer cuando Dios emite un comunicado al salmista que conformó su corazón y le deja saber que no importa qué tipo de circunstancias, lleguen, pues:

¡ESCRITO ESTÁ!
No quebrantaré mi pacto, ni cambiaré la palabra de mis labios Salmos 89:34

El Pacto Divino es una disposición Soberana de Dios, por la cual Él establece un convenio incondicional o declarativo con el Hombre, obligándose a sí mismo, mediante la Gracia, por la fórmula libre "YO", concederé bendiciones definidas a aquellos con quienes he pactado. Es decir, Dios confirma en estas líneas que se llevará a cabo no importando lo que pase y no habrá cambio de idea alguna.

Diferencias entre un Pacto Condicional y un Pacto Incondicional:

*El Pacto Condicional: En esta clase de Pactos, aquello que se pacta dependerá para su cumplimiento del que recibe el pacto (El Receptor), no del que hace el Pacto. Ciertas obligaciones o condiciones deben ser cumplidas por el receptor del Pacto, antes que el dador del Pacto esté obligado a cumplir aquello que fue prometido.

Este sería el mejor ejemplo de lo que podemos explicarle de un pacto condicional.

En el verso de 2 Crónicas 7:14 nos dice - *Si se humi-
llare mi pueblo, sobre el cual mi nombre es invocado, y
oraren, y buscaren mi rostro, y se convirtieren de sus
malos caminos...* Si hacemos un paréntesis en estas líneas, encontramos la condición para después recibir
el cumplimiento de lo prometido; pues las siguientes
líneas nos explican lo que pasara si cumplimos primero con las condiciones.

Entonces yo oiré desde los cielos, y perdonaré sus pecados, y sanaré su tierra.

*Pacto Incondicional: En este tipo de Pacto aquello
que se Pacta depende para su cumplimiento sólo del
que hace el Pacto. Aquello que se prometió es conce-
dido soberanamente al receptor del Pacto o sea al que
se le prometió el pacto, basado en la autoridad e integridad del que realiza el Pacto.

Un ejemplo de un Pacto Incondicional lo podemos encontrar en 2 Samuel 7:16 Cuando Dios le promete a
David un pacto sin condición y le dice de esta manera:
*"Y será afirmada tu casa y tu reino para siempre delante
de tu rostro, y tu trono será estable eternamente".*

Hablemos un poco de los 8 tipos de pactos:

1- El Pacto Edénico: Es un pacto condicional- Este pacto surge en el momento que Dios comienza a crear al
hombre. Génesis 1: 26 al 31,
Génesis 2: 16 & 17

Este pacto relata las condiciones de Dios para el hombre en el huerto del Edén ya que este sera determinado de acuerdo a la obediencia exigida por parte de Dios hacia su creación. De allí dependerá el resultado de los beneficios. Es decir entra en juego la ley de la causa y efecto que también es conocida como ley de consecuencia, retribución o compensación; esta ley funciona en todos los planos de la vida; en nuestros pensamientos, en nuestras palabras y acciones. Esto quiere decir que todo lo que hacemos pone en movimiento una causa y esta trae una consecuencia; positiva o negativa. Así como uno de mis escritores favoritos lo describe:

El ser humano es el amo y señor de sus pensamientos, forjador de su carácter, creador y modelador de sus condiciones y de su entorno, y arquitecto de su propio destino. James Allen

Porque:

¡ESCRITO ESTÁ!
No os engañéis; Dios no puede ser burlado: pues todo lo que el hombre sembrare eso también segará. Gálatas 6:7

2-Pacto Adámico: Es un Pacto Incondicional- Fue hecho con el hombre después que desobedeció. Génesis 3:16 al 19. Este pacto relata las consecuencias que el hombre arrastró por sus malas decisiones, de lo cual se traspasó de generación en generación. Nótese que el pecado cometido trajo pesadumbre al mundo como lo explican los versos 16 & 17 acerca del sufrimiento de dar a luz una criatura y el dolor que se requiere de comer del fruto de la tierra; es decir nuestro trabajo.

Este pacto Adámico consiste en La Maldición y el Juicio del el efecto de la desobediencia de Adán y Eva en el huerto esto fue claramente el legado que heredó la humanidad. Cuando Dios dijo que la simiente de la mujer (fruto de la mujer) heriría la cabeza del enemigo y que la simiente simplemente sería herida en el calcañar, fue para simbolizar la promesa de victoria sobre Satanás a través de Jesús (Romanos 16:20). Adán y Eva fueron expulsados del huerto del Edén, en el que se les había dado todo sin tener que trabajar. Su pecado cambió todo eso, pero Dios proporcionó un camino para que ellos pudieran ser reconciliados mediante un sacrificio. La redención fue asegurada en el Pacto Adámico cuando Dios maldijo a la serpiente. Las maldiciones son ineludibles, pero fue dada una gran promesa de gracia y perdón por medio de la maldición, es dado el regalo de gracia de Dios, la redención a través de Jesús.

3. El Pacto Noémico (Noé y sus hijos) -incondicional- para las siguientes generaciones de Noé. Gen. 9:1-18. Fue un pacto incondicional entre Dios y Noé (específicamente) y la humanidad (generalmente). Después del Diluvio, Dios prometió a la humanidad que Él jamás volvería a destruir la vida en la tierra con un diluvio (ver Génesis capítulo 9). Dios dió el arcoíris como señal del pacto, una promesa de que nunca más inundaría todo el planeta, y un recordatorio de que Dios puede y juzgará el pecado (2 Pedro 2:5).

4. El Pacto Abrahámico -incondicional- Gen. 12:1-4; 13:14-17; 17:1-8.

3 grandes revelaciones de Dios concernientes a la historia futura, profundas promesas en tres líneas.

a. Gran descendencia.
b. Una gran nación.
c. Una gran bendición al mundo entero.

En este pacto, Dios prometió muchas cosas a Abraham. Él personalmente prometió que haría grande el nombre de Abraham (Génesis 12:2), que Abraham tendría numerosos descendientes (Génesis 13:16), y que sería el padre de una multitud de naciones (Génesis 17:4-5). Dios también hizo promesas en cuanto a una nación llamada Israel. De hecho, los límites geográficos del pacto Abrahámico se presentan en más de una ocasión en el libro del Génesis (12:7; 13:14-15; 15:18-21). Otra provisión en el pacto Abrahámico es que las familias del mundo serían bendecidas a través del linaje físico de Abraham (Génesis 12:3; 22:18). Esta es una referencia al Mesías, quien descendería del linaje de Abraham.

5. El Pacto Mosaico – Es un pacto condicional- para Israel desde Egipto hasta la tierra prometida. Deuteronomio 11

Ex. 20:1 – El pacto Mosaico fue un pacto condicionado que traería la bendición directa de Dios por la obediencia, o la maldición directa de Dios por la desobediencia sobre la nación de Israel. Parte del pacto Mosaico fueron los Diez Mandamientos (Éxodo 20) y el resto de la ley, la cual contenía más de 600 mandatos – alrededor de 300 positivos y 300 negativos. Los libros históricos del Antiguo Testamento (Josué – Ester) detallan cómo Israel tuvo éxito al obedecer la ley, o cómo Israel fracasó miserablemente al no obedecer la ley. Deuteronomio 11:16-18 detalla los motivos para la bendición y maldición.

6. El Pacto Palestino -Fue un pacto incondicional en conexión con la posesión final de la tierra prometida por parte de Israel. Dt.30:1-10.

El Pacto Palestino es también llamado el Pacto de la Tierra. Esto se debe a la promesa dada en Deuteronomio 30:1-10. Esta parte se centra en la reafirmación de la Tierra Prometida dada a Abraham, a Isaac, y a Jacob por todas las generaciones venideras. Dios le dice a la nación hebrea en dondequiera que hayan sido dispersos, que obedezcan con todo su corazón y alma: "Entonces Jehová hará volver a tus cautivos, y tendrá misericordia de ti, y volverá a recogerte de entre todos los pueblos adonde te hubiera esparcido Jehová tu Dios. Aun cuando tus desterrados estuvieren las partes más lejanas que hay debajo del cielo, de allí te recogerá Jehová tú Dios, y de allá te tomará. Y te hará volver Jehová tú Dios a la tierra que heredaron tus padres, y será tuya. Y te hará bien, y te multiplicará más que a tus padres" (Deuteronomio 30:3-5).

7. El Pacto Davídico Fue incondicional. II Sam. 7: 4-16; I Cro. 17:3-15, Prometió un linaje real sin fin, un trono y un reino total para siempre.

El pacto Davídico amplía el aspecto de la "simiente" del pacto Abrahámico. Las promesas a David en este pasaje son significativas. Dios promete que el linaje de David duraría para siempre y que su reino permanecería eternamente (verso 16). Obviamente, el trono davídico no ha estado en su lugar siempre. Sin embargo, vendrá un tiempo, cuando alguien del linaje de David se sentará nuevamente en el trono y reinará como rey. Este futuro rey es Jesús (Lucas 1:32-33)

8. El Nuevo Pacto También fue incondicional. Profetizado en el A.T. Jer. 31:31-33. Heb. 8:1-13 y cumplido por Cristo. El Nuevo Pacto es un pacto hecho primeramente con la nación de Israel, a última instancia, con toda la humanidad. En el Nuevo Pacto, Dios promete perdonar el pecado, y habrá un conocimiento universal del Señor. Jesucristo vino a cumplir la ley de Moisés (Mateo 5:17) y creó un nuevo pacto entre Dios y su pueblo. Ahora estamos bajo el Nuevo Pacto, tanto judíos como gentiles pueden ser librados del castigo de la ley. Ahora se nos ha dado la oportunidad de recibir la salvación como un don gratuito (Efesios 2:8-9).

Y conoceréis la verdad y la Verdad os hará libre. Juan 8:32

Al analizar cuando Jesucristo quiso exponer lo que verdaderamente él era dijo estas palabras:

Yo soy el camino, la verdad y la vida. Juan 14:6

No solo dejó expuesto que él es la verdad sino que sus palabras son la esencia del extracto que sale de su verdad. La Palabra de Dios tiene en sí el poder de llevar a cabo la voluntad de Dios.

Pero sed hacedores de la palabra, y no solamente oidores, engañándoos a vosotros mismos. Porque cuando alguno es oidor de la palabra y no hacedor de ella, éste es semejante al hombre que mira su cara natural en un espejo. Se mira a sí mismo y se marcha, y en seguida olvida como era. Pero el que presta atención a la perfecta ley de la LIBERTAD y persevera en ella, sin ser oidor olvidadizo sino hacedor de la obra, este será bienaventurado en lo que haga. Santiago 1:22-25

Porque nada hay imposible para Dios" (Lucas 1:37).

Bien se ha dicho que "los mandamientos de Dios llevan consigo el poder de cumplirlos". Jesús mandó al hombre de la mano seca a que la extendiera—exactamente lo que este hombre no podía hacer. Sin embargo, la Palabra de mando le dió el poder de obedecer. Creyó la Palabra, obedeció la orden, y la mano fue restaurada (Marcos 3:1–5).

La Palabra de Dios en nosotros es una gran fuente de poder en tiempos de prueba y sufrimiento. Si apreciamos la Palabra en nuestro corazón, nos apropiamos de la Palabra en nuestra mente, y aplicamos la Palabra en nuestras acciones; entonces todo nuestro ser será controlado por la Palabra de Dios y él nos dará la victoria.

Existe un proceso lógico de razonamiento: La Biblia es la Palabra inspirada de Dios, por lo que es también inequívoca (No tiene equivocaciones) e infalible (Es Exacta) en todo lo que afirma y es a causa de estos atributos que la Biblia es nuestra autoridad final en cuanto a los asuntos de fe, vida y servicio.

Abraham Lincoln dijo:

"Creo que la Biblia es el mejor regalo que Dios ha dado al hombre. Todo el bien que el Salvador del mundo nos proporcionó se nos comunica en este libro y si no fuere por él, no sabríamos la diferencia entre el bien y el mal. Toda cosa provechosa al hombre lo contiene la Biblia".

Lo que necesitamos hoy son verdaderos creyentes de las promesas de Dios, que todo su ser este minado de que lo que la palabra declara es verdad absoluta, que no hay ni la mínima duda de lo que ella promete; pues si queremos conocer la Gloria de Dios y si queremos ver Su poder, Debemos entender que el vigor de nuestra vida espiritual será en exacta proporción al lugar que la palabra de Dios ocupa en nuestras vidas y pensamientos.

Despójate De Tu Pasado

!ESCRITO ESTÁ¡

James Pérez

Despójate De Tu Pasado

¡ESCRITO ESTÁ !
"Si alguno está en Cristo; nueva creatura es; las cosas viejas pasaron; he aquí todas son hechas nuevas". 2 Corintios 5:17

Creo firmemente que la conducta es la exteriorización de las convicciones que llevamos dentro.

Se cuenta que un grupo de científicos que encerró a 5 Monos en una jaula. En el centro de la misma colocaron una escalera y sobre ella, un montón de plátanos. Desde el primer día, cuando uno de los monos, subía por las escaleras, los científicos lanzaban un chorro de agua helada sobre los que se quedaban en el suelo. A base de repetir esta práctica, los monos aprendieron las consecuencias de que uno de ellos subiera por la escalera.

Cuando algún mono caía nuevamente en la tentación de ir a tomar los plátanos, el resto se lo impedía de forma violenta. Así fue como los 5 monos cesaron en el intento de subir por la escalera. Entonces, los científicos sustituyeron a uno de los monos originales por otro nuevo. Movido por su instinto, lo primero que hizo el mono novato fue ir por los plátanos. Pero antes de que pudiera tomarlos, sus compañeros de jaula lo atacaron agresivamente, evitando así; ser rociados nuevamente con un chorro de agua fría.

Después de algunas palizas, el nuevo integrante del grupo nunca más volvió a subir por la escalera. Un segundo mono fue sustituido, y ocurrió exactamente lo mismo. Los científicos observaron que su predecesor participaba con especial entusiasmo en las palizas que se le daba al nuevo mono. Con el tiempo, el resto de los monos originales fueron sustituidos por otros nuevos, cada uno de los cuales recibió brutales golpes de parte de los demás al tratar de subir por la escalera. De esta forma, los científicos se quedaron con un grupo de 5 monos que, a pesar de no haber recibido nunca un chorro de agua helada, continuaban golpeando a aquel que intentaba llegar hasta la comida.

Finalmente, todos ellos se quedaron en el suelo resignados, mirando a los plátanos en silencio. Uno de los científicos concluyó esta hipótesis diciendo: Si hubiera sido posible preguntar a algunos de ellos porque pegaban con tanto ímpetu al que subía por la escalera, seguramente la respuesta hubiera sido: <<No lo sé. Aquí las cosas siempre se han hecho así>>.

Analizando esta historia; nos damos cuenta de una verdad absoluta, muchos de nosotros llamados cristianos actuamos de la misma manera que los monos de esta historia; pues hemos sido condicionados a un comportamiento de repetir patrones que nos mantienen inmóviles y satisfechos debido a nuestro profundo miedo al cambio y sobrecargándonos de maldiciones ancladas a un pasado.

Una persona que haya experimentado acontecimientos traumáticos en la vida, como una violación sexual,

la muerte de seres queridos, enfermedades traumáticas, accidentes, rupturas familiares, adicciones y otras cosas similares, puede llegar a vincularse con los dolorosos acontecimientos del pasado y rememorarlos para llamar la atención o despertar lástima en los demás. Esas heridas de nuestras vidas parecen darnos una gran cantidad de poder sobre los demás. Cuanto más les hablamos a otros sobre nuestras heridas y sufrimientos, tanto más creamos un entorno de compasión por nosotros mismos.

Este sentimiento de culpabilidad permanece tan conectado con los recuerdos de nuestras heridas que no nos permite entrar en el proceso de transformarnos y renovarnos. El resultado de ello es la sensación de desmerecimiento, de no ser dignos de recibir todo aquello que Dios ya prometió para nosotros.

La tendencia a vincularnos con las heridas de nuestras vidas nos recuerda lo poco merecedores que somos de recibir nada de lo que realmente nos gustaría tener, debido, a que permanecemos sumidos en un estado de sufrimiento. Cuanto más se recuerdan y se repiten estas historias dolorosas, tanto más tiene garantizado esa persona que no atraerá la materialización de sus deseos; pues nosotros somos como un campo de cultivo que puede ser cultivado o ser abandonado y llenarse de hierbas y malezas; sin embargo ya sea que este cuidado o descuidado, está destinado a producir algo; todo depende de la semilla que cae en esa tierra, pues la ley de la siembra nos enseña que reproduciremos exactamente lo que sembramos.

¡Enseñamos lo que sabemos; pero reproducimos lo que somos!

Quizá la frase más poderosa que puedas llegar a memorizar en este sentido sea: «Tu biografía (tu historia) se convierte en tu biología (en lo que eres)». A la que yo añadiría: «Tu biología; es decir tu ser se convierte en tu abundancia o escasez de aquello que tú decides reproducir material o espiritualmente». Pues siempre atraemos aquello que ya se encuentra en nosotros; tanto lo que amamos como lo que tememos. Job lo corroboró al decir:

"Lo que más temía me sobrevino, lo que más me asustaba me sucedió". Job 3:25 (NVI).

Al aferrarte a los traumas anteriores de tu vida, impactas literalmente sobre las células de tu cuerpo. Al examinar la biología de un individuo, es fácil descubrir en ella su biografía. Los pensamientos angustiosos, de autocompasión, temor, odio y otros similares, cobran un peaje sobre el cuerpo y el espíritu. Al cabo de un tiempo, el cuerpo es incapaz de curarse, debido en buena medida a la presencia de esos pensamientos. El apego al dolor sufrido en los primeros años de la vida procede de una percepción mitológica según la cual «tengo derecho a una infancia perfecta, libre de dolor. Utilizaré durante el resto de mi vida cualquier cosa que interfiera con esta percepción; pués contar mi historia será mi poder».

Lo que hace esta percepción es darle permiso al niño herido que llevas dentro para controlarte durante el resto de tu vida.

Además, te proporciona una fuerte sensación de poder ilusorio.

"Los acontecimientos dolorosos de nuestras vidas son como una balsa que se utiliza para cruzar el río. Debes recordar bajarte una vez que hayas llegado a la otra orilla'.

Observa tu cuerpo cuando has sufrido una herida. Una herida abierta se cierra en realidad con bastante rapidez. Imagina cómo serían las cosas si esa herida permaneciera abierta durante mucho tiempo. Se infectaría y, en último término, acabaría por matar a todo el organismo. El cerrar una herida y permitir que cure puede actuar del mismo modo en los pensamientos de tu interior. Así pues, no lleves contigo tus heridas.

En la época de Jesús se identificaba a ciertas personas por las ropas que vestían. Las que llevaban los fariseos decían: "Soy religioso". La de los soldados romanos decían: "Soy poderoso y las de los mendigos decían: "Soy un desposeído marginado".

Recordemos la historia del ciego Bartimeo, cuando oyó la voz de Jesús, salto, tiró la capa, se dirigió hacia el maestro y recibió la vista, pero como si esto fuera poco, además obtuvo una nueva identidad y un promisorio futuro. "El entonces, arrojando su capa, se levantó y vino a Jesús" (Marcos 10:50). Cuando se quitó la capa, no lo hizo simplemente en lo físico, sino que además y principalmente, se estaba despojando de todo un pasado de dolor y rechazo.

Aquel día se decidió a no llevar nunca más la ropa del dolor y fracaso sino que como un símbolo de esto, arrojó su capa, se armó de valor y con fe fue al encuentro de Jesús. Ya no sería nunca más el ciego Bartimeo, el que despertaba la compasión de familiares y amigos. El tuvo un encuentro con Jesús y jamás volvería a ser la misma persona. Dios dice: *"Si alguno está en Cristo, nueva criatura es; las cosas viejas pasaron; he aquí todas son hechas nuevas" (2 Corintios 5:17)*.

Esto debería ser un ejemplo a seguir; con Cristo una vida nueva comienza, y se va transformando tu autoestima, tu apariencia y las cadenas que te ataban al pasado, con él son destruidas. Pero tienes que dar un paso. Al igual que Bartimeo, cuando oyó la voz de Jesús, arrojó su capa y fue al encuentro de quien tenía el poder para cambiar su vida. No permitió que la ceguera fuera un impedimento para quitarse la capa y correr al encuentro de Jesús. No dejó que nadie se interpusiera entre él y el Maestro, estaba determinado a conseguir su milagro.

Quizá los temores, el conformismo, o una baja autoestima; no están permitiendo que vea lo que Dios tiene para ti. No permanezcas en quietud, lamentándote por lo que te pasa o lo que tuviste que sufrir. Arroja tu orgullo, tu carga, tu pasado y camina dando esos pasos de fe yendo hacia delante.

Las personas que piensan que su vida es el resultado de condiciones externas suelen ser víctimas de ellas. No obstante, cuando crea conciencia del poder creativo que reside dentro de ella y entiende que es allí don-

de se encuentra la libertad; entonces podrá poseer todas las bendiciones que ya están escritas y declaradas
para su vida.

Tu mente puede hundirte en el pantano del fracaso
o levantarte y elevarte al espacio del éxito. <<Pues el
que teme sufrir al cambio ya sufre de temor>>.

Despójate de la vieja capa de dolor, angustia y sufrimiento, Jesús quiere darte nuevas vestiduras, corre a
su encuentro y permite que El transforme tu vida!

Te has preguntado alguna vez, ¿que harías si no tuvieras miedo?

A través de todos los lugares que Dios me ha permitido estar, me he encontrado con muchas personas que
están paralizadas e inmóviles por el temor: Temor de
tomar una decisión, temor de la desaprobación, temor
de comprometerse, temor de encajar con otras personas y el peor de los temores, temor de romper el pa-
trón de vida en el que están atrapados.

La parálisis física es terrible, que su cuerpo no pueda
funcionar y responder a los mensajes de su mente es
muy frustrante; pero es aún más frustrante cuando la
parálisis es una limitación de la mente y no del cuerpo.
Hemos estado hablando del área de debilidad de nuestras mentes que nos atan a nuestro pasado e impiden
que maduremos. Todas estas cosas pueden ponernos
bajo el control del temor, y el temor nos paraliza para
que no hagamos los cambios necesarios que nos con-
ducirán a la victoria.

La biblia nos dice acerca de un hombre que estaba paralizado en su mente, "emocionalmente" y también su cuerpo.

1 Después de estas cosas había una fiesta de los judíos, y subió Jesús a Jerusalén.

2 Y allí en Jerusalén, cerca de la puerta de las ovejas, un estanque, llamado en hebreo Betesda, el cual tiene cinco pórticos.

3 En éstos yacía una multitud de enfermos, ciegos, cojos y paralíticos, que esperaban el movimiento del agua.

4 Porque un ángel descendía de tiempo en tiempo al estanque, y agitaba el agua; y el que primero descendía al estanque después del movimiento del agua, quedaba sano de cualquier enfermedad que tuviese.

5 *Y había allí un hombre que hacía treinta y ocho años que estaba enfermo. 6 Cuando Jesús lo vio acostado, y supo que llevaba ya mucho tiempo así, le dijo: ¿Quieres ser sano? 7 Señor, le respondió el enfermo, no tengo quien me meta en el estanque cuando se agita el agua; y entre tanto que yo voy, otro desciende antes que yo. 8 Jesús le dijo: Levántate, toma tu lecho, y anda. 9 Y al instante aquel hombre fue sanado, y tomó su lecho, y anduvo. Y era día de reposo aquel día. (Juan 5:1 al 9)*

El hombre de esta historia había estado paralizado durante 38 años. Permanecía echado día tras día, esperando una manera de librarse de su aflicción, debajo

de este famoso estanque, que era lo suficientemente profundo como para que la gente nadara en él, había una corriente subterránea. De vez en cuando, la corriente subía y perturbaba las aguas del estanque. Los judíos creían que esa agitación era causada por un ángel y que la primera persona que entrara al estanque mientras sus aguas se agitaban sería sanada de cualquier enfermedad.

Cuando Jesús descubrió al cojo al lado del estanque, le hizo una de las preguntas más extraña que se hallan en las escrituras: "Quieres ser sano"? En otras palabras: "Quieres cambiar"? Supongo que el hombre se quedó sorprendido que Jesús le preguntara algo tan evidente. ¿Acaso no entendía que lo habían traído al estanque día tras día, semana tras semana, año tras año para recibir sanidad? ¿No entendía Jesús que él les había pedido a personas tras persona que le ayudaran a entrar al estanque? O Jesús sabía lo que realmente estaba pasando dentro de este hombre y por eso le hizo esa pregunta? Es posible que, después de tantos años de frustración en el mismo estado de parálisis, la impotencia del hombre se hubiera convertido en desesperanza; quizás toda esperanza de sanidad había desaparecido, y en su lugar había una desesperación apagada. Su respuesta parece indicar que así fue, puesto que, en lugar de responder "SI", le explico al señor el motivo por el cual no podía ser sano. Cumplía con lo que se esperaba del cada día; que intentaba entrar en el estanque, pero en su corazón creía que jamás tocaría el agua.

¿O quizás se sentía cómodo con el hecho de ser un inválido?

Pues si se sanaba, tendría que asumir nuevas responsabilidades como, por ejemplo, buscar empleo. Muchos comenzarían a tener nuevas expectativas sobre él; cualquiera haya sido la circunstancia interna del hombre. Jesús le dijo exactamente qué hacer. En realidad, le pidió que hiciera algo imposible: Levantarse, caminar, y llevarse su lecho con él. Cuando Jesús dijo esto, el hombre confió, y se levantó.

La atrofia de sus piernas desapareció e inmediatamente comenzó a caminar.

Considere la pregunta de Jesús para su propia vida: "¿Quieres ser sano"? "¿Quieres Cambiar"? Cada uno de nosotros debe considerar esta pregunta detenidamente antes de contestar.

El cambio tiene un precio. Hacer cualquier cambio significa lo que nos resulta familiar, aunque sea perjudicial. Habrá sufrimiento e incomodidad emocional. La reacción que la gente tiene hacia usted cambiará, y algunas de estas reacciones puede llegar a ser muy incomodas. Usted no puede predecir como lo van a tratar, nuevas responsabilidades pueden convertirse en parte de su vida. La atención y compasión que recibía en el pasado ya no estará a su disposición. Expectativas mayores pueden estar aguardando. El hombre del estanque descubrió casi al instante que este cambio en su vida le iba a costar un precio. Se metió en problemas con los líderes religiosos, antes de tener tiempo de festejar su sanidad física y emocional. Fue sanado en un día de reposo, así que, cuando los judíos lo vieron cargando su lecho, le dijeron:

"No te es lícito llevar tu cama. (Juan 5:10). Este era indudablemente el primero de muchos desafíos; con los que este hombre se iba a encontrar como resultado de su nueva vida.

La decisión de apartarse de un estilo de vida paralizante es solamente suya; ninguna otra persona puede tomar esa decisión por usted, pero, cuando la tome, comenzará a sentir la libertad de haberse desprendido de los efectos paralizantes del temor.

El primer deber del hombre es vencer el temor; si no es capaz de liberarse de él; no es posible hacer nada. Por lo tanto, no míre las cosas que dejas atrás.

"ACUÉRDENSE de la esposa de Lot." (Luca. 17:32) Esta seria advertencia, dada por Jesucristo hace casi dos mil años, es hoy más importante que nunca. ¿A qué se refería? Para los judíos que lo escuchaban, la lección estaba clara como el agua. Ellos conocían muy bien el relato: mientras huía de Sodoma con su familia, aquella mujer desobedeció la orden de no mirar atrás y se transformó en una estatua de sal (léase Génesis 19:17, 26).

¿Por qué miró atrás la esposa de Lot, y cómo pagó su desobediencia?

"Nadie que ha puesto la mano en el arado y mira a las cosas que deja atrás es apto para el reino de Dios." (Luc. 9:62)

¿Por qué volvió la vista atrás? Pudo ser por curiosidad, por falta de fe, o tal vez porque añoraba lo que dejaba en aquella ciudad (Luc. 17:31). Sea cual sea la razón, pagó su desobediencia con la vida. ¡Murió el mismo día que los depravados habitantes de Sodoma y Gomorra. Con razón dijo Jesús: "Acuérdense de la esposa de Lot".

¿Cómo destacó Jesús la importancia de no mirar atrás?

Para los cristianos de hoy día, también es vital no mirar atrás. Jesús destacó esta idea cuando cierto hombre le preguntó si antes de hacerse discípulo podía ir a despedirse de su familia. Esta fue su respuesta: "Nadie que ha puesto la mano en el arado y mira a las cosas que deja atrás es apto para el reino de Dios" (Luc. 9:62). ¿Fue Jesús demasiado brusco o exigente con él? No, no lo creo; él sabía que su petición no era más que una excusa para eludir su responsabilidad, y por eso lo comparó a un labrador que "mira a las cosas que deja atrás". No importa si solo echa un vistazo rápido o si suelta el arado y se gira para mirar; en ambos casos está desatendiendo su obligación y puede dañar su trabajo.

Es de suma importancia que, en lugar de fijar la atención en el pasado, nos concentremos en lo que tenemos delante; pues:
Escrito Está:

"Tus ojos miren lo recto, y diríjanse tus parpados hacia lo que tienes adelante" (Prov. 4:25)

Es decir Mira rectamente. <<"No vuelvas o voltees la cabeza>>".

¿Qué debemos hacer para no caer en el mismo error que la esposa de Lot? Lo primero es identificar qué cosas de nuestro pasado pueden hacer que volvamos la vista atrás.

Uno de los principales peligros es que idealicemos los viejos tiempos. Al pensar en cómo era nuestra vida antes, la memoria puede traicionarnos llevándonos a exagerar los buenos recuerdos y minimizar los problemas del pasado. Esta visión distorsionada del ayer puede hacer que nos invada de nostalgia. Escrito Está: "Nunca preguntes por qué todo tiempo pasado fue mejor. No es de sabios hacer tales preguntas" (Ecl. 7:10, Nueva Versión Internacional). Pero ¿por qué es tan peligroso añorar los viejos tiempos?

<<Añorar el pasado es correr Tras el viento>>.

Pensemos en lo que les sucedió a los israelitas en tiempos de Moisés. Aunque al principio los egipcios los trataban como invitados, tras la muerte de José "pusieron sobre ellos jefes de trabajos forzados con el propósito de oprimirlos mientras llevaban sus cargas". De hecho, el faraón ordenó una forma de genocidio (una horrible matanza de niños) para impedir que el pueblo de Dios siguiera aumentando (Éxo. 1:15, 16, 22). Tan grave era su situación que Jehová le dijo a Moisés: "He visto la aflicción de mi pueblo que está en Egipto, y he oído el clamor de ellos a causa de los que los obligan a trabajar; porque conozco bien los dolores que sufren".

¡Qué inmensa alegría debieron de sentir al ser liberados de su esclavitud! Pensemos en todas las manifestaciones del poder de Dios que fueron testigos. Para empezar, habían visto cómo Dios empleó su poder de forma espectacular y envió diez plagas contra el altivo faraón y su pueblo. En segundo lugar, los egipcios no solo los dejaron salir de Egipto, sino que se lo rogaron, y hasta les entregaron una gran cantidad de oro y plata. Tanto es así que la Biblia afirma que los israelitas "despojaron a los egipcios" de muchas de sus riquezas (Éxo. 12:33-36).

Finalmente, tuvieron la alegría de presenciar el fin del faraón y sus soldados en el mar Rojo (Éxo. 14:30, 31). Sin duda, ser testigos presenciales de aquellos emocionantes sucesos fortaleció mucho su fe.

Por eso es tan sorprendente que, poco después de su milagrosa liberación, los Israelitas comenzaran a murmurar. ¿De qué? ¡De la comida! Descontentos con lo que Jehová les proporcionaba, exclamaron en son de queja: "¡Cómo nos acordamos del pescado que comíamos de balde en Egipto, de los pepinos y las sandías y los tomates y las cebollas y el ajo! Pero ahora nuestra alma se halla seca. Nuestros ojos no se posan en cosa alguna sino en el maná" (Números 11:5, 6). Se habían vuelto tan miopes que pretendían volver al mismo lugar donde antes habían sido esclavos (Núm. 14:2-4). Su obsesión por las cosas que habían dejado atrás los llevó a perder la aprobación del Señor (Núm. 11:10).

¿Qué nos enseña todo esto? Cuando afrontamos problemas, no debemos idealizar el pasado pensando que

la vida que llevábamos, incluso antes de conocer la verdad, era mejor. Claro, no hay nada de malo en que meditemos en nuestros actos para aprender de ellos o que reflexionemos con cariño en los buenos recuerdos. Pero es importante que mantengamos una perspectiva realista. Si perdiéramos el equilibrio, podríamos llegar a sentirnos tan descontentos con nuestras circunstancias que desearíamos volver a nuestra vida anterior, hagamos de nuestro pasado nuestro maestro; mas no nuestro director.

*No digas que el tiempo pasado fue mejor que el presente; Las virtudes son las que hacen los buenos tiempos, y los hábitos incorrectos los que los vuelven malos.

Escrito está:

Hermano, yo mismo no pretendo haberlo ya alcanzado; pero una cosa hago: olvidando ciertamente lo queda ATRAS, y extendiéndome a lo que está delante. (Filipenses 3:13-14)

Es decir: No; hermano, todavía no soy el que debo ser, pero eso sí, olvidando el PASADO yo mantengo la mirada fija en lo que está por delante.

Hay que saber cuándo una etapa llega a su fin. Cuando insistimos en alargarla más de lo necesario, perdemos la alegría y el sentido de las otras etapas que tenemos que vivir.

Poner fin a un ciclo, cerrar puertas, concluir capítulos... no importa el nombre que le demos, lo importante es dejar en el pasado los momentos de la vida que ya terminaron. ¿Me han despedido del trabajo? ¿Ha terminado una relación? ¿Me he ido de casa de mis padres? ¿Me he ido a vivir a otro país? Esa amistad que tanto tiempo cultivé, ¿ha desaparecido sin más? ¿He perdido el ser más querido? Puedes pasar mucho tiempo preguntándote por qué ha sucedido algo así. Puedes decirte a ti mismo que no darás un paso más hasta entender por qué motivo esas cosas que eran tan importantes en tu vida se convirtieron de repente en polvo.

Pero una actitud así creará un desgaste inmenso en ti: tu país, tu cónyuge, tus amigos, tus hijos, tu hermano; todos ellos estarán cerrando ciclos, pasando página, mirando hacia delante. Mientras que tú te haces víctima y esclavo del pasado.

Recuerda: Nadie puede estar al mismo tiempo en el presente y en el pasado, ni siquiera al intentar entender lo sucedido. El pasado no volverá; no podemos ser eternamente niños, adolescentes tardíos, hijos con sentimientos de culpa o de rencor hacia sus padres, amantes que reviven día y noche su relación con una persona que se fue para no volver. No podemos ser empleados de empresas inexistentes, ni tener vínculos con quien no quiere estar vinculado a nosotros. ¡Los hechos pasan y hay que dejarlos ir! Todo pasa, y lo mejor que podemos hacer es no volver a ello. Por eso es tan importante (¡por muy doloroso que sea!) destruir recuerdos que son dañinos y tóxicos.

Todo en este mundo visible es una manifestación del mundo invisible, de lo que sucede en nuestro corazón. Deshacerse de ciertos recuerdos significa también dejar libre un espacio para que otras cosas ocupen su lugar. Deje para siempre, suelte y despréndase; nadie en esta vida juega con cartas marcadas. Por ello, unas veces ganamos y otras, perdemos. No esperes que te devuelvan lo que has dado, no esperes que reconozcan tu esfuerzo, que descubran tu genio, que entiendan tu amor.

Deja de encender tu canal emocional y ver siempre el mismo programa, en el que se muestra cómo has sufrido con determinada pérdida: eso no hace sino envenenarte. Nada hay más peligroso que las rupturas amorosas que no aceptamos, las promesas de empleo que no tienen fecha de inicio, las decisiones siempre pospuestas en espera del "momento ideal".

¡ESCRITO ESTÁ!

En cuanto a la pasada manera de vivir, despojaos del VIEJO HOMBRE, que está viciado conforme a los deseos engañosos. (Efesios 4:22)

Nunca va existir un punto en tu vida donde séa el momento correcto para hacer algo grandioso, si estas esperando ese momento perfecto, ese tiempo perfecto no va a suceder. Sabes lo que tienes que hacer? Tienes que crear el momento perfecto, y la oportunidad perfecta y la situación perfecta.

Muchas personas se vuelven cómodas, dejan de crecer, dejan de querer alcanzar algo, se vuelven satisfechos. Debemos de entender que cuando nosotros dejamos de perseguir nuestras metas literalmente estamos cometiendo suicidio espiritual.

Cuando tienes una meta por lo cual te estas esforzando, y dicha meta te saca de la zona de confort vas a descubrir algunos talentos y habilidades que tienes, que no sabías que tenías. Cuando el mensajero de la miseria, el desánimo y el conformismo te visite ¿Que vas a hacer? ¿Qué te mantendrá en la movida?

A menos de que intentes hacer algo más allá de aquello que ya has dominado; nunca vas a crecer. Hoy tienes que decidir de una vez por todas;

¡Voy a soltar el pasado!

¿Qué es aquello que en algún punto de tu vida miraste y decidiste que no lo podrías hacer? Aquello que tú mismo te convenciste para no intentarlo.

Si estas esperando a que otros hagan las cosas por ti; es más que posible que nunca sucederán.

La vida está por delante, nunca hacia atrás. Si andas por la vida dejando puertas abiertas "por si acaso", nunca podrás desprenderte ni vivir el presente con satisfacción.

¿Noviazgos o amistades que no clausuran?, ¿Posibilidades de regresar? ¿Necesidad de aclaraciones?

¿Palabras que no se dijeron?, ¿Silencios que lo invadieron? Aprende a cerrar capítulos. Tú ya no eres el mismo que fuiste hace dos días, hace tres meses, hace un año. Por lo tanto, no hay nada a qué volver.

Cierra la puerta, da vuelta a la hoja, cierra el círculo. Ni tú serás el mismo, ni el entorno al que regresas será igual, porque en la vida nada se queda quieto, nada es estático. Es hora de cuidar tu salud mental, el amor por ti mismo, desprender lo que ya no está en tu vida.

Dejarlo ir

Antes de comenzar un nuevo capítulo hay que terminar el anterior: repítete a ti mismo que lo pasado no volverá jamás. Recuerda que hubo una época en que podías vivir sin aquello, sin aquella persona, que no hay nada insustituible, que un hábito no es una necesidad.

Puede parecer obvio, puede que sea difícil, pero es muy importante. Cerrar ciclos. No por orgullo, ni por incapacidad, ni por soberbia, sino porque, sencillamente, aquello ya no encaja en tu vida. Cierra la puerta, cambia el disco, limpia la casa, sacude el polvo.

Deja de ser quien eras, y transfórmate en el que eres... Así es la vida!

Deberíamos usar el pasado como trampolín para elevarnos hacia otro nivel y no como excusa para quedarnos paralizados.

Quiero terminar este capítulo dejándole un ejemplo de cómo es la cacería de monos en el África.

Un sistema interesante está siendo utilizado para capturar monos en las junglas de África. El objetivo es capturar a los monos vivos y sin lastimarlos para así enviarlos a los zoológicos en América. De un modo enormemente humanitario, los captores utilizan pesados jarrones con cuellos largos y angostos. Dentro de ellas depositan un puñado de frutas de aroma dulce o arroz. Los jarrones son colocados en el suelo de la jungla al alcance de los monos. Los captores vuelven al siguiente día y encuentran a un mono atrapado junto a cada jarrón.

¿Como lo logran? El mono, atraído por la esencia aromática de las frutas o el arroz baja a investigar uno de los jarrones. Coloca una mano dentro de él y toma una de las frutas o un puñado de arroz pero sin poder sacarla. Su mano, que ahora sostiene la fruta, o el arroz es ahora demasiado ancha para pasar a través del cuello angosto del jarrón. Pero el mono se niega a soltar la fruta o deshacerse del puñado de arroz así que queda atrapado.

Podemos reírnos de los torpes monos, pero así como ellos nosotros en muchas ocasiones nos aferramos tan fuertemente a nuestros pasados, problemas, desilusiones, decisiones, rencores, y costumbres y hábitos dañinos como los monos a las frutas. Y así, figurativamente arrastramos nuestros problemas a todas partes sintiendo pena por nosotros mismos. Dios hoy te dice: suelta ya el pasado Pues,

¡ESCRITO ESTÁ!

No te acuerdes de las cosas pasadas, ni traigáis a memoria las cosas antiguas. Isaías 43:18

Hermanos, no considero que he hecho lo mío. Pero una cosa hago: olvidando ciertamente lo que queda atrás, y extendiéndome a lo que está delante, prosigo a la meta, al premio del supremo llamamiento de Dios en Cristo Jesús. Filipenses 3:13-14

De modo que si alguno está en Cristo, nueva criatura es; las cosas viejas pasaron; he aquí todas son hechas nuevas. 2 Corintios 5:17

Y el que estaba sentado en el trono dijo: He aquí, yo hago nuevas todas las cosas. Y me dijo: Escribe; porque éstas palabras son fieles y verdaderas. Apocalipsis 21:5

¿Qué Dios como tú, que perdona la maldad, y olvida el pecado del remanente de su heredad? No retuvo para siempre su enojo, porque se deleita en misericordia. El volverá a tener misericordia de nosotros; sepultará nuestras iniquidades, y echará en lo profundo del mar todos nuestros pecados. Miqueas 7:18-19

5

Verdaderamente Libres

¡ESCRITO ESTÁ¡

James Pérez

Verdaderamente Libres

¡ESCRITO ESTA!
Así que, si el hijo os libertare, seréis verdaderamente libres. (Juan 8:36).

Todo cristiano en su caminar con Dios declara vivir una vida libre en Jesucristo, pero la verdadera realidad es otra; ya que nos encontramos con muchos que caminan una vida cristiana con cepos en sus pies y cadenas en sus manos.

Mi pregunta es la siguiente. Entonces, Por quien fueron libertados?

Vivir atados a cárceles emocionales, físicas y aun espirituales no nos hace verdaderamente libres.

"<<La libertad no es el poder de hacer lo que queremos, sino el derecho de ser capaces de hacer lo que debemos>>" Lord Acton.

Me llama mucho la atención cuando Jesucristo le dijo a los judíos que habían creído en el: "Si vosotros permaneciereis en mi palabra, seréis verdaderamente mis discípulos; y conoceréis la verdad, y la verdad os hará libres". Juan 8:31-32

Luego en el verso 34 al 36 Jesucristo da una explicación de un tipo de esclavitud:

"<<Jesús les respondió: De cierto, de cierto os digo, que

todo aquel que hace pecado, esclavo es del pecado. El esclavo no queda en la casa para siempre, (El esclavo No tiene derechos), el hijo queda para siempre, (El hijo tiene todos los derechos). Así que, si el hijo os libertare, seréis verdaderamente libre">>.

Es maravilloso saber que el autor de estas palabras fue el mismo Jesucristo; su intención al decir todo ésto, fue transmitir un mensaje a todo aquel que tenía acciones y mentalidad de esclavo.

1- Todo el que hace pecado es esclavo,
2- El esclavo no queda en la casa, el hijo queda en casa para siempre.

<<La libertad significa responsabilidad: Por eso la mayoría de los hombres le tiene tanto miedo>>. George Bernard.

Uno de los anhelos del ser humano es ser completamente libre, libre de esclavitud, libre de presiones y dominios. Las naciones luchan por ser libres del dominio de otro reino o nación, cada nación tiene un día de libertad que celebran con regocijo, tienen un libertador al cual admiran, se firman tratados de libertad etc.

En el mundo espiritual cada creyente pelea constantemente por su libertad del dominio oscuro que reina en la tierra para hacernos esclavos. Celebramos a nuestro gran libertador con regocijo, pero la pregunta sigue en pie; porque seguimos en cadenas de nuestras acciones, pensamientos y malos hábitos?
*Permanecer en la palabra:

Según lo que Jesús nos dijo en su palabra, <<Si vosotros permaneciereis en mi palabra>>. El verbo permanecer que se encuentra especialmente en Juan no significa una mera continuidad sino una unión intima e inseparable que no depende de algo externo. Permaneced, pues, en la palabra de Jesús es identificarse con ella y hacer de ella la norma de nuestra vida. Esta vida de obediencia, de seguimiento constante al salvador, es lo que hace de una persona un verdadero discípulo de Jesús. Permanecer en la palabra significa no desviarse de ella, no buscar opciones de salida en el momento difícil, sino arraigarnos en ella, pues;

¡ESCRITO ESTÁ: :

<<*Si permanecéis en mí, y mis palabras permanecen en vosotros, pedid TODO lo que queráis, y os será hecho*>>. Juan 15:7

Nótese que al decir si permanecéis en mí; hubiera sido lógico que Jesús dijera,

<<Y yo en vosotros>> pero en lugar de decir Yo; dice mis palabras, porque es imposible permanecer en Cristo si sus palabras no permanecen en Nosotros.

PERMANECER en la Palabra de Dios, ya no es un simple creer, sino que implica un compromiso y una acción, que se debe traducir en un modo de vida.

¿Por qué es más difícil PERMANECER?, porque como el mismo sentido de la expresión indica, eso implica un no moverse de la fe a pesar de los vientos huraca-

nados y de las tempestades de la vida. Implica perseverancia y paciencia.

Veamos la parábola de los dos cimientos: *"Cualquiera, pues, que me oye estas palabras, y las hace, le compararé a un hombre prudente, que edificó su casa sobre la roca. Descendió lluvia, y vinieron ríos, y soplaron vientos, y golpearon contra aquella casa; y no cayó, porque estaba fundada sobre la roca. Pero cualquiera que me oye estas palabras y no las hace, le compararé a un hombre insensato, que edificó su casa sobre la arena; y descendió lluvia, y vinieron ríos, y soplaron vientos, y dieron con ímpetu contra aquella casa; y cayó, y fue grande su ruina"* (Mateo 7: 24-27)

Analicemos por un momento la palabra Permanecer y sus sinónimos:

Mantenerse, persistir, aguantar, conservar, perseverar, seguir, continuar, durar, perpetuarse, afirmarse, insistir y establecerse.

Sin duda alguna el que permanece en su palabra sale beneficiado con la garantía de que la palabra es:

*Como Semilla- Marcos 4:12
*Como Leche Espiritual -1Pedro 2:2, Hebreos 5:12
*Como La Vida- Juan 8:51, Hechos 7:38
*Como Lluvia y Nieve- Isaías 55:10,11
*Como Miel- Salmos 119:103
*Como Lumbrera- Salmos 119:130
*Como Fuego- Jeremías 23:29
*Como Espada- Efesios 6:17

Si usted es un verdadero creyente de Jesús, o si es un incrédulo, o si es un creyente incrédulo, estas palabras de Jesús son para usted. << "Conoceréis la verdad, y la verdad os hará libres>>"

¿Qué significa "ser verdaderamente discípulos de Jesús"? Versículo 31: "<<*Jesús decía a los judíos que habían creído en El: Si vosotros permanecéis en mi palabra, verdaderamente sois mis discípulos*>>".

Lo que esta frase "verdaderamente sois mis discípulos" implica, es que hay discípulos que no son verdaderamente discípulos. La palabra "verdaderamente" significa: efectivamente, sin pretensiones, sinceramente, realmente mis discípulos". En otras palabras, lo opuesto a "Verdaderamente mis discípulos" sería algo como: Hipócritamente mis discípulos, irreales, inefectivos, discípulos sin autenticidad y carácter en lo que han creído.

El mundo no solo está dividido en dos grupos: discípulos de Jesús, y no-discípulos. Está dividido en tres grupos: no-discípulos, discípulos irreales, discípulos reales- personas que no tienen intención de seguir a Jesús, personas que dicen que le siguen, y tienen una relación superficial con él, y personas que verdaderamente le siguen no importando si reciben beneficios o no pues le siguen por lo que El es y no por lo que puedan recibir de El.

¿Por qué Jesús hizo esta distinción?

Porque el pudo percibir la actitud interna de los diferentes grupos que allí se encontraban.

Él lo menciona porque el versículo 30 dice: "<<Al hablar estas cosas, muchos creyeron en él>>".

La palabra permanencia, no lleva alguna connotación especial en ella. Significa: permanecer en su palabra, no abandonarla, no sustituirla, no desplazarla, no tenerla en poco; es decir, ponerla como la máxima prioridad en nuestras vidas.

• Permanecer significa no dejar de ser persuadidos por su verdad, y nunca elevar alguna otra verdad por encima de ella.

• Permanecer significa no dejar de sentirnos atraídos por su belleza y valor, y nunca mirar a algo como más hermoso o más valioso o más atractivo que la palabra y el Dios que ella revela.

• Permanecer significa nunca dejar de descansar en su gracia y poder, nunca alejarnos como si en otro lugar pudiera encontrarse una paz mayor.

• Permanecer significa nunca dejar de comer y beber de la palabra como el pan del cielo y el agua viva, como si la provision pudiera encontrarse en otro lugar.

• Y permanecer significa nunca dejar de caminar en la luz de la palabra, como si otra luz pudiera mostrar los secretos de la vida.

Este es el significado de ser verdaderamente discípulo. <<Si vosotros permanecéis en mi palabra, verdaderamente sois mis discípulos>>. Y el hecho de que Jesús haya puesto énfasis en permanecer, dá la respuesta a esta pregunta:

¿Cómo es que se relacionan la permanencia en su palabra y el hecho de ser verdaderos discípulos?

<<Si vosotros permanecéis en mi palabra, verdaderamente sois mis discípulos>>.

Jesús está diciendo que la marca de un verdadero discípulo es la permanencia, la firmeza, la perseverancia, la obediencia en el campo de fuerza y poder de la palabra. El haber probado temporalmente la verdad, belleza, poder, gracia, valor, el pan, el agua y el resplandor de la palabra de Dios no nos hace cristianos. La señal de que somos cristianos es que probamos y permanecemos.

¿Y a quién iremos, Señor? Si solo tú tienes palabras de vida eterna (Juan 6:68).

Entendiendo el poder del permanecer en la palabra nos da autoridad, pues ahora tenemos conocimiento claro de que todo lo que nosotros necesitamos en nuestras vidas es aferrarnos y permanecer a esta palabra que nos hace libre y nos abre una puerta hacia una libertad genuina y verdadera. Somos libres y tenemos derechos de libertad, ninguna acechanza del maligno nos puede detener.

Ahora es muy importante saber quiénes somos en cristo y la libertad que El nos ha otorgado.

El señor Jesús dijo estas palabras: <<Yo soy la Vid y vosotros los pámpanos>> esta es la manera tan estrecha y cercana en que estamos vinculados con Cristo Jesús. El es esa vid viviente y nosotros somos unas de esas ramas de esa vid, esa misma vida, amor, gozo, paz, poder, sabiduría y habilidad que fluye de la vid fluye también hacia las ramas; donde quiera que yo vaya como rama la vida de la vid fluye en mí.

Jesús no temía revelar su identidad donde quiera que fuera, pues lo declaraba libremente de esta manera:

-Yo soy el pan de vida, Yo soy la luz del mundo, Yo soy la puerta, Yo soy el buen pastor, Yo soy la resurrección y la Vida, Yo soy el camino, Yo soy la Verdad, Yo soy la Vida, Yo soy la Vid verdadera, etc.

Ahora, analizando nuestras vidas me he encontrado con un grave problema de identidad con nosotros los que nos llamamos cristianos, seamos honestos; cuantas veces usted se ha preguntado quien es usted y no ha podido responderse? Pues; la mayoría de nosotros si nos hicieran esa pregunta, probablemente contestaríamos Yo soy Juan, o Yo Soy María o Yo soy Miguel; pero en realidad eso no es quienes somos, esos son simplemente nuestros nombres, el cual nos pusieron para identificarnos a la hora de llamarnos o llamar nuestra atención; Lo que importa realmente aquí es quienes somos en Cristo;

- Dios es exactamente quien dice que es y nosotros somos exactamente quien Dios dice que somos,

-Dios puede hacer exactamente lo que él dice que puede hacer y nosotros podremos hacer todo aquello que Dios dice que podemos,

-Dios tiene todo aquello que él dice tener y nosotros tenemos exactamente lo que él dice que tenemos.

Para poder tomar la autoridad completa de lo que está escrito, primero tenemos que saber quiénes somos nosotros en Cristo; pues no puedo reclamar aquello que ni siquiera sé si me pertenece.

¿Quiénes Somos En Cristo?

Hoy usted debe de recordarse así mismo; porque ¡ESCRITO ESTA:

Soy hijo de Dios porque he nacido de la cimiente incorruptible de la palabra de Dios que vive y permanece para siempre. 1Pedro 1:23

Estoy perdonado de mis pecados y soy limpio por la sangre de Jesús. Efesios 1:7

Soy una nueva creatura. 2Corintios 5:17

Estoy librado de la potestad de las tinieblas y trasladado al reino de Dios. Colosenses 1:3

Estoy redimido de la maldición de la ley. Gálatas 3:13

Soy fuerte en el Señor. Efesios 6:10

Por su misericordia soy santo y sin mancha delante de él. Efesios 1:4

Soy acepto en Cristo. Efesios 1:6

Soy acto para participar de su herencia. Colosenses 1:12

Soy Victorioso. Romanos 8:1&2

Estoy muerto al pecado. Romanos 6:2-11

Soy amado con amor eterno, Jeremías 31:3

Soy libre. San Juan 8:31-33

Estoy crucificado juntamente con Cristo. Gálatas 2:20

Fui resucitado juntamente con Cristo y estoy sentado en lugares celestes. Efesios 2:6

Tengo Vida juntamente con Cristo. Efesios 2:5

Soy la sal de la tierra. Mateo 5:13

Soy la luz del mundo. Mateo 5:14

Soy más que vencedor. Romanos 8:37

Soy un embajador de Cristo. 2Corintios 5:20

Soy amado por Dios. Romanos 5:5

Soy nacido de Dios y el maligno no me toca. 1 Juan 5:18

Soy rey y sacerdote para Dios. Apocalipsis 1:6

Soy heredero en Dios y con-heredero en Cristo. Romanos 8:17

Estoy reconciliado con Dios. 2 Corintios 5:18-19

Estoy con el que es verdadero: Cristo Jesús 1Juan 5:20

Estoy sellado por el Espíritu Santo de la promesa. Efesios 1:13

Estoy libre de condenación. Romanos 1:8

Estoy arraigado, sobre-edificado y confirmado en la fe. Colosenses 2:7

Soy hechura de Dios, creado en cristo Jesús para buenas obras. Efesios 2:10

Tengo la paz de Dios que sobrepasa todo entendimiento. Filipenses 4:7

Tengo vida en abundancia. Juan 10:10

Puedo vencer al mundo por mi fe. 1Juan 5:4

Todo lo puedo en Cristo que me fortalece. Filipenses 4:13 Mayor es aquel que está en mí, que el que está en el mundo. 1juan 4:4

Siempre triunfo en Cristo. 2Corintios 2:14

Cristo esta en mí, la esperanza de Gloria, Colosenses 1:27
Estoy completo en Cristo. Colosenses 2:10

<<"La hierba se seca y la flor se marchita, pero la palabra de nuestro Dios permanece para siempre>>". Isaías 40:8

Recuerda que:
Dios está por encima de ti, para bendecirte, abajo para sostenerte, delante para orientarte, detrás para protegerte y a tu lado para apoyarte.

CAPÍTULO

Restaurando Tu Presente

!ESCRITO ESTÁ¡
James Pérez

Restaurando Tu Presente

¡ESCRITO ESTÁ!
Aquel que es poderoso para hacer todas las cosas, mucho más abundantemente de lo que pedimos o entendemos, según el poder que actúa en nosotros. Efesios 3:20-21

Al analizar este verso nos encontramos que el apóstol Pablo hace un énfasis claro y profundo de lo que es el poder de Dios; en otras palabras Pablo quería llamar nuestra atención diciendo específicamente lo que Dios es; ¡Él es Poderoso!

Al comparar el poder de Dios con todos los poderes que la raza humana se ha inventado no nos queda duda que el poder de Dios lo sobrepasa todo; pues existe el poder humano, el poder eléctrico, el poder financiero, el poder político, el poder atómico, el poder mecánico, el poder demoníaco, el poder militar, el poder psíquico, el poder angelical, el poder microscópico, el poder telescópico, el poder solar, el poder nuclear y poder mental.

Pero ninguno de éstos, ni aun todos combinados se pueden comparar al poder Omnipotente, el Todopoderoso; el poder de nuestro Dios.

Debemos comprender que Dios teniendo el poder omnipotente significa: que él puede hacer lo que a él le plazca, cuando a él le plazca, donde a él le plazca, con quien a él le plazca y como a él le plazca; pues Dios no tiene que someterse a ninguna orden superior, Dios no tiene que dar cuentas a ninguna autoridad, Dios no tiene que obedecer ningún tipo de reglas, Simplemente porque no hay otro superior a él, ni ninguna regla o autoridad por encima de él.

Por lo tanto siendo el Omnipotente nos da garantía de que no hay circunstancias que lo restrinjan, adversidades que lo impidan, situaciones que lo detengan, poder que lo controle, enemigos que lo venzan, obstáculos que lo bloqueen, y fuerzas que lo limiten de cumplir su deseo y hacer su voluntad.

Entendiendo de esta manera el poderío de nuestro Dios podemos llegar a la conclusión que Dios no es el problema; pues el apóstol Pablo nos recuerda que <<él puede hacer las cosas mucho más abundantemente>>, esto quiere decir que ira mucho más allá de nuestras limitaciones; Dios se extenderá hacia lo imposible e impensable a la mente humana, es decir todo lo que pidieres sin importar que sea inalcanzable para ti, Dios lo puede hacer aún más grande y todo aquello que has pensado lograr Dios lo puede expandir.

Nótese, que él dice que Dios puede hacer todo esto pero hay una condición o un limitante y eso es: <<Según el poder que habita en nosotros>> es decir; según lo que tú puedas procesar depende de nuestra capacidad de permitir que él pueda hacerlo a través de nuestra vida. Así que tu capacidad de procesar el poder de Dios, es lo que puede llevarte a otro nivel.

En una investigación realizada con niños de tres y cuatro años, en USA, los científicos colocaron micrófonos tras sus orejas y grabaron lo que oyeron durante 24 horas. A partir de los datos obtenidos se concluyó que a un niño desde que nace hasta que cumple los 8 años, se le dice aproximadamente 100,000 veces No! <<Que no hagas esto!>>, << ¡No hagas aquello!>>, << ¡No pongas las manos allí!>>, << ¡No rayes eso!>>, ¡No, no y no!

Los científicos observaron también que por cada elogio, los niños recibían 9 represiones. ¿Qué sucede entonces con nuestro cerebro ante tantas negativas? Va generando limitaciones con el fin de que podamos sentirnos aceptados por nuestros padres y las demás personas. Y así el genio que hay en cada niño va desapareciendo. Este hecho se perpetua a lo largo de las generaciones, y la propia raza humana no se desarrolla tanto como podría hacerlo, Todos los niños podrían ser súper dotados si se le estimulara apropiadamente. Lo mejor de esto es que se puede hacer no solo en la infancia sino en cualquier momento de la vida, mientras se conozca la estrategia adecuada.

Permítame profundizar un poco más este principio pues es muy probable que su presente este paralizado por ciertas circunstancias que le han acontecido y usted no entiende muchos porqués en su vida.

Visualización Y experiencia: Dos caras de la misma moneda
Toda creencia, una vez establecida, procura perpetuarse.

Por otro lado, toda información nueva, cuando penetra en la mente, tiende a sustituir una información antigua relacionada con el mismo tema. Siendo así, la última experiencia es la que generalmente la que permanece.

Ejemplo; si usted se cayó de la bicicleta y tiene miedo de volver a montar en ella, lo que va a perdurar es el miedo a ir en bicicleta. Si usted se cayó, se levantó e incluso con miedo volvió a montar en ella, lo que va a perdurar es la capacidad de ir en bicicleta.

La visualización es un recurso fundamental para la instalación de las experiencias en el sistema nervioso. Cuando una visualización se realiza correctamente, al cerebro no le importa saber si aquello ha sucedido en el mundo físico o solo en la imaginación. De una forma u otra, la visualización queda implantada en el cerebro y puede hacerse realidad. Usted es exactamente como usted se visualice.

El autor y orador Les Brow nos dice: Los buenos momentos los guardamos en los bolsillos. Los malos momentos los guardamos en el corazón. He descubierto que eso es una realidad en la vida de muchas personas. En sus corazones llevan las experiencias negativas y son afectados con mayor ímpetu que las positivas, eso los hace sufrir un estancamiento emocional y espiritual. Como consecuencia comienzan hacerse un autoanálisis negativo y quedan prisioneros de lo que "debí hacer" y lo que "hice".

El ganar crea un ciclo positivo en nuestras vidas. Cuando ganamos, obtenemos confianza; Mientras más confianza tenemos, existe mayor probabilidad de que tomemos acción cuando sea necesario. Ese instinto de moverse del conocimiento a la acción, con frecuencia, resulta en el éxito. Sin embargo, el perder también trae un ciclo a nuestras vidas: un ciclo negativo. Las perdidas, en particular cuando se acumulan, pueden llevar a la inseguridad. Cuando estamos inseguros, dudamos de nosotros mismos. Nos lleva a titubear a la hora de tomar decisiones. Aun si sabemos lo que debemos de hacer, estamos renuentes a hacerlo. Cuando tal brecha es creada y no es superada, el éxito se vuelve casi imposible.

Aquí hay algunas trampas en las cuales las personas tienden a caer cuando tienen una visualización errónea de sí mismos:

La trampa del error: "Tengo temor de hacer algo mal". Y nunca logran ningún objetivo.

La trampa del cansancio: "Estoy cansado hoy" Como consecuencia pasan un día fatal.

La trampa de la comparación: "Alguien está mejor calificado que yo" Viven una vida de inferioridad y complejo.

La trampa del tiempo: "No es el momento correcto" Se la pasan titubeando por la vida.

La trampa de la inspiración: "No siento deseo de ha-

¡ESCRITO ESTÁ! (107) James Pérez

cerlo ahora mismo" Todo el tiempo se la pasan desmotivados.

La trampa de la racionalización: "Tal vez no sea tan importante" No tienen perspectiva.

La trampa de la perfección: "Hay una mejor manera de hacer las cosas, y tengo que saberlo hacer perfecto antes de comenzar" Nunca comienzan ningún proyecto pues dudan de sí mismos.

La trampa de la expectativa: "Pensé que sería fácil. Pero no lo es" Se desaniman y nunca lo vuelven a intentar.

La trampa de la justicia: "No debería ser yo quien haga esto" Siempre se preguntan ¿Por qué a mí?

La trampa de la opinión pública: "Si fracaso, ¿Qué pensaran los demás? Viven paralizados.

La trampa de la autoimagen: "Si fallo en esto, significa que soy un fracaso" Siempre se ven con una autopercepción de manera negativa.

Antes de continuar con la lectura, reléjese un instante y respire. Piense en usted. Procure responder con la mayor sinceridad: ¿Cómo se visualiza usted? Espero que se haya respondido con toda sinceridad pues para comenzar una restauración es necesario reconocer donde necesitamos mejorar.

Sabe cómo se entrena una pulga?

Colóquela en un frasco y ciérrelo. A la pulga no le gusta sentirse presa y comienza a saltar. Salta, golpea la tapa del frasco y regresa al suelo, salta y golpea varias veces hasta que llega a la conclusión de que no sirve de nada y empieza a dar saltos de una altura menor sin tocar la tapa. En este momento, se puede retirar la tapa del frasco, ya que la pulga no saltara hacia fuera. Su cerebro se hizo a la idea de la existencia de una tapa y nunca se dará cuenta de su desaparición.

¿Como se entrena a los elefantes?
El principio es el mismo, que el que es utilizado con las pulgas. El entrenador toma al elefante cuando es un cachorro, le pasa una cuerda por el cuello y lo ata a un árbol. El elefantito intenta escaparse pero el árbol es grande y resistente y no lo consigue. Después de intentarlo varias veces, desiste. El elefante crece, es llevado al circo, y la única cosa que el payaso tiene que hacer para que se quede quieto, es atarlo con una cuerda a la pata de una silla. El elefante continúa pensando que está amarrado a un árbol.

Al igual que el elefante y la pulga, también nosotros, los seres humanos, tenemos una serie de condicionamientos programados en nuestra mente sin darnos cuenta de ello. A los siete años es importante que mi madre me enseñe a no cruzar la calle solo, ya que me puede atropellar un carro. Hoy, ya adulto, esto no tendría sentido; sería un trastorno en mi vida tener que llamar a mi madre cada vez que quiera cruzar la calle.

De esta limitación (como si fuese la de la tapa del frasco de la pulga) ya me libre; pero, cuantas tapas conservo aun de mi vida de las que no soy consciente? ¿Cuantas entraron a formar parte de mi estructura junto con las cien mil veces que me dijeron NO en mi infancia, sin yo darme cuenta que afectarían mi presente y mi futuro?

El único límite a nuestros logros de mañana está en nuestras dudas de hoy. (Franklin D. Roosevelt).

Nosotros mismos somos los que decidimos ver problemas donde hay oportunidades y los que nos marcamos límites antes ni siquiera de intentarlo en muchas ocasiones.

Nuestras limitaciones y nuestros éxitos estarán basados muchas veces en las expectativas que tenemos respecto a nosotros mismos, sin darnos cuenta que lo que la mente crea, el cuerpo lo transforma en resultados. Pues, todo lo que somos es el resultado de lo que hemos pensado. La mente lo es todo.

Nos convertimos en lo que pensamos.

Si nosotros creamos límites y barreras eso es lo que nos encontraremos. Por lo contrario, si lo que creamos son oportunidades y lo unimos a mucho esfuerzo, el éxito llegará. A fin de cuentas la oportunidad está en el hombre, no en el trabajo. Por lo tanto somos nosotros los que debemos de superar las tareas, no éstas a nosotros.

Podemos aceptar el fracaso porque es algo humano, todos podemos fallar en algo, pero lo que no podemos aceptar es el no haberlo ni siquiera intentado.

Todos nos enfrentamos continuamente a grandes oportunidades disfrazadas de problemas aparentemente sin solución con lo cual no es lo que tú tienes, sino como lo utilizas lo que marcará la diferencia en lo que hagas.

Nunca te pongas excusas o límites. No tienes tiempo para ello, porque si usas tu energía de ese modo, no te quedará energía para hacer todas las cosas que necesitas hacer, como superar obstáculos y alcanzar tus objetivos.

El ingrediente principal de la victoria es levantarse y hacer algo.

Muchas de las personas salen tras sus objetivos y metas con mucho entusiasmo. No obstante, en la medida en que enfrentan obstáculos o sufren caídas su entusiasmo decae. Aunque esta es una respuesta normal, lo cierto es que lo que separa a los triunfadores de los perdedores es que los perdedores renuncian pronto a sus propósitos, mientras que los ganadores se mantienen firmes a sus compromisos, aun frente a las más difíciles circunstancias. Ellos se mantienen fieles a sus propósitos y orientan sus pensamientos de manera que estos sean fuentes de motivación y no de desánimo. En lugar de permitir que los obstáculos, dificultades y limitaciones sean impedimentos para lograr objetivos, ellos parecen utilizarlos para fortalecer su resolución de lograr dichos objetivos.

"No importa cuántas veces te equivocas o con que lentitud progresas, sigues estando muy por delante de los que ni lo intentan". –Anthony Robbins-

¡ESCRITO ESTÁ!
No temas, porque yo estoy contigo; no desmayes, porque yo soy tu Dios que te esfuerzo; siempre te ayudaré, siempre te sustentaré con la diestra de mi justicia. Isaías 41:10

Pero en todas estas cosas somos más que vencedores por medio de aquel que nos amó. Romanos 8:37

Porque todo lo que es nacido de Dios vence al mundo; y esta es la victoria que ha vencido al mundo: Nuestra fe. 1 Juan 5:4

Pero a Dios gracia, que nos da la victoria por medio de nuestro señor Jesucristo. 1Corintios 15:57

Al vencedor, le concederé sentarse conmigo en mi trono, como yo también vencí y me senté con mi padre en su trono. Apocalipsis 3:21

Al saber lo que ya está escrito para nosotros, quisiera compartir con ustedes una de mis historias favoritas. Hace mucho tiempo, un gran guerrero afrontó una situación que requería de una decisión que garantizara su éxito en el campo de batalla. El enviaría sus tropas contra un enemigo poderoso, cuyos hombres superaban a los suyos en número. Embarcó a sus soldados, navegó hacia el país enemigo, desembarcó soldado y equipos y dió la orden de quemar las embarcaciones que los había llevado hasta allí. Al dirigirse a sus hombres antes de la primera batalla, dijo: ¡Ved como los barcos se convierten en humo! ¡Eso significa que no podemos dejar estas playas vivos, a menos que ganemos! Ahora no tenemos opción: ¡Venceremos o Moriremos! Y vencieron.

Si quieres conquistar algún objetivo, tienes que enamórarte de lo que quieres conquistar; pues no puedes conquistar lo que no amas.

7
CAPÍTULO

Transformando
Tu Futuro

!ESCRITO ESTÁ¡
James Pérez

Transformando Tu Futuro

Salir de lo ordinario, de lo que hemos sabido hacer por años o lo que muchos llamamos la "zona segura" no es cosa fácil, pero hay que hacerlo porque si no la vida nos pasa por encima y nos quedamos conformes sin arriesgarnos a ganar la carrera de la vida y la eternidad que Dios nos prometió, pues el cristiano mira al descubierto, las glorias no ocultas del señor, y se transforman en la misma imagen de gloria en gloria. Es por la fe que nos fijamos en él, y somos transformados por el Espíritu Santo.

El termino TRANSFORMACION según el diccionario hace referencia a la acción o procedimiento mediante el cual algo se modifica, altera o cambia de forma manteniendo su identidad.

El filósofo francés contemporáneo, André Comte-Sponville, expresa en su Diccionario filosófico que:

"En un mundo en el que todo cambia, la inmutabilidad, es decir; (El no cambiar) sería imposible o mortífera. Un país, un gobierno, una nación o un sistema sólo pueden conservarse con la condición de una adaptación permanente; en cambio un individuo no puede seguir siendo él mismo si no evoluciona.

Vivir es crecer o envejecer, dos maneras de transformación. Todo cambia, todo fluye, lo único que permanece es la palabra escrita".

Según Ellis hay cuatro principios importantes del poder de la fuerza de la voluntad para comenzar una jornada de transformación:

1. Determinación de querer ser transformados:
Tomar conciencia de que la transformación es importante en nuestras vidas es un paso de valentía de negarte a ser parte del montón, es decir; negarte al conformismo, pues la conformidad es el carcelero de la libertad y el enemigo del crecimiento. Para transformarse hay que tener "fuerza de voluntad". Persistir en la racionalidad, enfrentar el miedo a lo desconocido, no escapar ante el primer obstáculo y no perder de vista las ventajas de lo nuevo.

El mundo que nos rodea está en movimiento constante, variando continuamente negándose al conformismo y buscando una transformación, es por ello que sabiendo el precio que se ha de pagar se necesita temple para no cambiar de opinión y estropear el proceso. Este verso a continuación nos muestra a un Pablo con identidad y determinado a enfrentar un proceso de transformación espiritual.

<< Por lo cual estoy seguro de que ni la muerte, ni la vida, ni ángeles, ni principados, ni potestades, ni lo presente, ni lo por venir, ni lo alto, ni lo profundo, ni ninguna otra cosa creada nos podrá separar del amor de Dios, que es en Cristo Jesús señor nuestro>>.

Pienso amado lector que no puede el hombre conquistar sus objetivos sin ordenar sus prioridades.

2) Conocimiento acerca de cómo transformarse:
Tienes que darte cuenta que tu pensamiento aunque pienses que es privado está determinando tu exterior. Y si realmente quieres que exista una transformación en tu entorno... es necesario que antes se produzca un profundo cambio. Recuerda que tus deseos internos modifican constantemente tu exterior. Por lo tanto lo que eres internamente es lo que reflejas frente al mundo que esta frente a tus ojos.

Los individuos estamos creando constantemente nuestro entorno, si realmente deseas una transformación radical en todo aquello que te rodea tiene que existir una inteligente y voluntaria transformación interna, y este cambio no puede producirse por obligación, tiene que deshacerse el conflicto que existe en tu interior y la constante polaridad que tienes entre creer y no creer de lo que ya está prometido para ti. Debe primero producirse un renacer interno, buscando primero reconocer la realidad para que exista paz y orden en el proceso hacia la transformación. El que puede transformar sus pensamientos puede cambiar su destino.

3. Ponerse en acción: Si no te transformas, te conformas, ésa es la lógica del progreso. Si te quedas estancado en la costumbre, la historia te pasa por encima. Está demostrado que los que se resisten a ser transformados suelen terminar aplastados por la contundencia de los hechos.

Para liberar la mente de la sensación de la satisfacción, tienes que comenzar con las sensaciones que te son familiares y establecer allí el fundamento adecuado para accionar. El depender psicológicamente de las cosas materiales se manifiesta como miseria y conflicto social. Convirtiéndote en pobre interna, psicológica y espiritualmente, deja de pensar en enriquecerte por medio de posesiones con demandas y problemas complejos siempre en aumento. Sin antes resolver fundamentalmente la pobreza espiritual de tu existir.

Deja de buscar personas afuera que te resuelvan los problemas, toma tú el control de tu propia transformación y descubre por ti mismo los beneficios de accionar y de esta manera liberarte. Nadie más que tú mismo puede contribuir a libertarte de la ignorancia y del dolor. Cada uno de nosotros engendrando su propio sufrimiento, dolor y mal o su propio bien, victoria y éxito.

<<*Porque como el cuerpo sin el espíritu está muerto, así también la fe sin obras "Esta Muerta"*>>. *Santiago 2:26*

4. Persistir en tu transformación hasta alcanzarla, incluso cuando es difícil de sobrellevar: La persistencia derrota la resistencia, es por ello que hay que estar comprometido con el proceso de la transformación y desearlo desde lo más profundo. Estar consciente de que cualquier transformación exige una dosis de esfuerzo e incomodidad, renunciar al principio del placer ahora, para obtener un beneficio mayor después. La transformación No tiene ascensor, debes tomar las escaleras.

Tal vez te topes con muchas derrotas, pero no serás derrotado. De hecho, es probable que necesites enfrentar esas derrotas para que puedas saber quién eres, como te puedes levantar y como podrás salir de esa situación. La persistencia es la habilidad para seguir adelante después de una derrota. No dejes que cada tropiezo o fracaso te definan. Su propósito es simple: ¡Hacerte más fuerte!

Paraliza la resistencia con la persistencia.

A este punto del libro ya hemos analizado muchos aspectos importantes y útiles para aplicarlos en nuestras vidas y comenzar a echar mano de la riqueza más valiosa que encontramos en las sagradas escrituras. "las promesas del altísimo".

En el capítulo UNO: Entendimos el modelo que Jesús nos dejó para recordarle al enemigo lo que ya está escrito. De la misma manera nos dimos cuenta que Dios le pone una atención especial a lo que ya fue escrito, pues el mismo dio la orden de dicha escritura.

En el capítulo DOS: Pudimos entender acerca del extracto de la palabra; Es decir; la esencia de la palabra, pues para comprender las promesas de Dios necesitamos conocer su verdadera esencia.

En el capítulo TRES: Se analizaron los ocho pactos condicionales e incondicionales que Dios hizo con su pueblo.

En el capítulo CUATRO: Aprendimos que para marchar hacia adelante

No se necesita exceso de equipaje, despojarse no es una opción, es necesario despojarnos de todo peso para avanzar.

En el Capítulo CINCO: Nos recuerda que sin libertad nada es posible, pues la verdadera libertad la conseguimos en Jesucristo.

En el Capítulo SEIS: Leímos que Dios muestra gran interés en restaurar tú presente pues el mismo no está interesado en tu pasado, sino en lo que esta por delante de ti, o sea en tu destino final.

En el Capítulo SIETE: En este capítulo sabemos que la transformación es necesaria para cambiar nuestros destinos y tomar con total autoridad lo que ya está escrito para nosotros.

¿Estas preparado para hacer posesión de las promesas que ya están escritas para ti?

CAPÍTULO

Cree La Palabra, Tómala Y Permanece En Ella.

!ESCRITO ESTÁ¡

James Pérez

Cree La Palabra, Tómala Y Permanece En Ella.

La Palabra de Dios "ES"

2 de Timoteo es un pasaje de importancia fundamental para la comprensión de la identidad y el uso de la Biblia.

2 de Timoteo 3:16-17

"Toda la Escritura (ES) inspirada por Dios, y útil para enseñar, para redargüir, para corregir, para instruir en justicia, a fin de que el hombre de Dios sea perfecto, enteramente preparado para toda buena obra."

En este pasaje he dado énfasis a la palabra "ES" que se usa en este verso y la cual, como probablemente sabemos, se usa para identificar, caracterizar o describir algo. Por lo cual, de acuerdo al pasaje anterior, la Biblia o la Escritura "ES" inspirada por Dios o, como dice en el texto en griego, por el aliento de Dios. Esto significa que el autor de la Biblia "ES" Dios, quien la inspiró, la produjo y por lo tanto la Biblia "ES" la Palabra de Dios. Aparte de eso, el pasaje anterior también dice que la Biblia "ES" útil, contando cuatro razones para ello. Más analíticamente, nos dice que la Biblia es útil para *1.Enseñar, para *2.Redarguir, para *3.Corregir y para *4.Instruir en justicia. Ya que venimos hablando de que: "La Palabra de Dios "ES". La primera de ellas se refiere a la identificación de la Palabra inspirada con la Biblia; mientras que la segunda, la utilidad de esta Palabra para enseñar, redargüir, corregir y para instruir en justicia "a fin de que el hombre de Dios sea perfecto, enteramente preparado para toda buena obra."

Sin embargo, eso no es lo único que la Palabra de Dios es. Más adelante vamos a considerar otras cosas adicionalmente que también nos ayudarán a apreciar mejor su valor y utilidad.

1. La Palabra de Dios: lo que Dios ha magnificado mayormente.

Creo que no habría mejor forma de empezar este análisis que mediante el escuchar la opinión que Dios tiene sobre Su Palabra. Para ver esa opinión vamos al Salmo 138:2.

"Porque has engrandecido [refiriéndose a Dios] tu nombre, y tu palabra sobre todas las cosas."

Teniendo en mente que no hay nada más grande que Dios, lo cual Su nombre expresa, podemos entender fácilmente que lo que Dios nos quiere decir es que Él ha engrandecido Su Palabra por sobre todo lo demás.

Si entonces queremos una evaluación correcta del valor de la Palabra de Dios, aquí está la evaluación que Dios mismo ha hecho: para Él no hay nada más valioso que Su Palabra.

2. La Palabra de Dios: el alimento para la vida. Habiendo visto la alta posición que Dios le da a Su Palabra, continuemos para ver otras cosas que la Palabra de Dios es, empezando de Mateo 4:4 donde Jesucristo dijo:

"Escrito está: "No sólo de pan vive el hombre..."
Mucha gente piensa que el pan y la comida física en general es lo único que se necesita para vivir. Es verdad que la comida física es necesaria para sobrevivir y satisfacer nuestro hambre física, pero de acuerdo a Jesucristo, hay algo más que se necesita para hacer de nuestras vidas algo más que simple sobrevivencia. ¿Qué es? La respuesta viene en el mismo verso:

Mateo 4:4 **"Escrito está:** "No sólo de pan vive el hombre, sino de toda palabra que sale de la boca de Dios."

De acuerdo a este pasaje, para hacer de tu vida una vida en abundancia y no solo sobrevivir, lo que necesitas es "toda palabra que sale de la boca de Dios", esto es, la Palabra de Dios. Como escrito esta:

"Desead, como niños recién nacidos, la leche espiritual no adulterada, para que por ella crezcáis para salvación," 1Pedro 2:2

Los recién nacidos no pueden vivir sin leche. Se levantan cuando duermen y lloran porque quieren leche. De igual modo, como los recién nacidos no pueden vivir sin leche así nuestras vidas sin la Palabra de Dios. No tenemos que decidir si necesitamos la leche de la Palabra de Dios o no, es un hecho que la necesitamos. Así como es una realidad que físicamente para sobrevivir necesitamos comer algo, por lo cual es un hecho, una verdad inalterada, que para verdaderamente vivir necesitamos la Palabra de Dios.

3. La Palabra de Dios: la verdad. Después de que vimos que la Palabra de Dios es tan necesaria para nuestras vidas como lo es la leche para los recién nacidos, vamos a continuar para ver qué otras cosas más es la Palabra. Lo que vamos a leer sucedió durante el juicio de Jesús ante Pilato (Juan 18:33-38). Durante esa investigación Pilato hizo una pregunta que probablemente ya había sido hecha por mucha gente desde entonces. Pilato hizo esa pregunta respondiendo Jesús le dijo: que él vino al mundo para dar testimonio de la verdad ESCRITO ESTÁ:

Le dijo Pilato: ¿Qué es la verdad?" Juan 18:38

La pregunta de Pilato no es para nada poco común. Mucha gente, y de hecho muchos de nosotros, puede que la hayamos preguntado en algún momento de nuestra vida. Por lo tanto, es vital encontrar respuesta a dicha pregunta. La respuesta viene en Juan 17. Allí Jesucristo un poco antes de su arresto oró y dijo:

"Yo les he dado [a los discípulos] tu palabra... Santifícalos en tu verdad; tu palabra es verdad." Juan 17:14,17 La respuesta a la pregunta sobre la verdad es muy simple: LA PALABRA DE DIOS ES VERDAD. La Biblia, siendo la Palabra del único y verdadero Dios, es la verdad sobre la cual podemos fundamentar nuestras vidas sin el temor a ser decepcionados. En esa Palabra se habla de Jesucristo, "el camino, la verdad y la vida" (Juan 14:6) y de las cosas maravillosas que logró para nosotros. Es esa Palabra la que dice que si confiesas al Señor Jesús y crees que Dios lo levantó de los muertos serás salvo (Romanos 10:9). No se trata solo de una frase positiva, no es otra palabra religiosa; es la VERDAD. Si la haces serás salvo y si no la haces seguramente continuarás sin la salvación. La verdad es verdad. NO la puedes cambiar, no la puedes alterar, pues es INALTERADA. Solo puedes aceptarla o rechazarla.

En cambio, la mentira tiene mil facetas. Cientos de ideas, filosofías y religiones van por ahí alegando un lugar en nuestras mentes. El período de toda una vida no sería suficiente para contar el nacimiento y muerte de docenas de ellas. El hombre necesita actualizar continuamente sus filosofías y teorías para estar "de acuerdo" al tiempo. Si hubieran sido verdad no necesitarían actualizarse. La verdad sigue siendo verdad hoy, mañana y después de mil millones de años. Y la PALABRA DE DIOS, la verdad, es la única que tiene duración eterna. Como ESCRITO ESTÁ en 1 de Pedro 1:23 *"Siendo renacidos, no de simiente corruptible, sino de incorruptible, por la palabra de Dios que vive y permanece para siempre."*

También 1 de Pedro 1:25 *"Más la palabra del Señor permanece para siempre. Y esta es la palabra que por el evangelio os ha sido anunciada."*

La Palabra de Dios permanece para siempre. No necesita actualización. El Dios que respaldó esa Palabra hace más de dos mil años, es el mismo Dios hoy también. Como ¡ESCRITO ESTÁ!:

"Toda buena dádiva y todo don perfecto desciende de lo alto, del Padre de las luces, en el cual no hay mudanza, ni sombra de variación." Santiago 1:17

Algunas veces para el hombre son suficientes unos minutos para cambiar de opinión. La "variación" es algo muy frecuente en el hombre, pero con DIOS no la hay, ni siquiera la más remota señal de ella. La Palabra de Dios siendo verdad y respaldada por un Dios que no cambia es ciertamente el fundamento más seguro para nuestras vidas y lo único de lo cual podemos aprender sin temor a que nos fallen.

4. La Palabra de Dios: Una Palabra Pura

Una de las características que la verdad tiene por definición es "pureza". Entonces, la pregunta sería: ¿Es pura la Palabra de Dios? ¿Cuánto? Para ver la respuesta a esta pregunta vayamos al libro de Salmos, donde ¡ESCRITO ESTÁ!:

"Las palabras de Jehová son palabras limpias, Como plata refinada en horno de tierra, Purificada siete veces." Salmos 12:6

"Sumamente pura es tu palabra, Y la ama tu siervo." Salmos 119:40

La Palabra de Dios no tiene impurezas. No es una palabra a la que tengas que disculpar por sus "errores" ni una palabra que necesita ser refinada antes de usarse. De lo contrario, es una palabra PURA y de hecho tan pura "como plata refinada en horno de tierra, Purificada siete veces", esto es, no puede ser más pura. Es por eso que la amamos (Y como resultado, tu siervo la ama). Su pureza, perfección y exactitud verdaderamente refleja la pureza, perfección y precisión de su autor: DIOS.

5. La Palabra de Dios: la fuente de gozo.

Ya hemos visto varias cosas que es la Palabra de Dios. Sin embargo, la lista no termina aquí. En el Salmo 119 vemos otro efecto que la Palabra tiene: ¡ESCRITO ESTÁ!

"Me regocijo en tu palabra como el que haya muchos despojos." Salmos 119:162

"Me he gozado en el camino de tus testimonios más que de toda riqueza." Salmos 119:14

Mucha gente trata de encontrar gozo mediante el poseer grandes cantidades de dinero. Sin embargo, como ya leímos, no se puede sobrevivir solo de pan y dinero, no es ni puede comprar el ingrediente que te da una verdadera vida y gozo real. ¿Cuál es el ingrediente? La Palabra de Dios.

La Palabra de Dios, aparte de todas las cosas que ya hemos visto hasta ahora, también trae gran regocijo consigo. De hecho, trae tanto gozo como el de aquel que encuentra un gran tesoro.

No necesitas ganarte la lotería para tener gozo, lo que necesitas es ir a la Palabra de Dios, creerla, tomarla y permanecer en ella. Cada vez que lo hagas, tu gozo será tan grande como el de aquel que encuentra un gran tesoro. ¿No es maravilloso el tener tal fuente constante de regocijo? No es un gozo que depende de las condiciones, la "suerte" u otras cosas, sino de Dios y Su maravillosa Palabra, la Biblia.

6. La Palabra de Dios: Una lámpara a nuestros pies. ESCRITO ESTÁ: Salmos 119:105 y en 2 de Pedro 1:19 "Lámpara es a mis pies tu palabra, Y lumbrera a mi camino." Salmos 119:105

"Tenemos también la palabra profética más segura, a la cual hacéis bien en estar atentos como a una antorcha que alumbra en lugar oscuro, hasta que el día esclarezca y el lucero de la mañana salga en vuestros corazones;" 2 Pedro 1:19

Para andar por el camino se necesita luz, ya sea física o artificial, el hecho es que sin ella no puedes caminar. El camino de la vida no es una excepción a esta regla. Para caminar por ese camino necesitas la luz para iluminarlo. ¿Dónde vas a encontrar esa luz? De acuerdo a los pasajes anteriores, la respuesta es en La Palabra de Dios. Al seguirla, caminarás por un camino lleno de luz. Como ESCRITO ESTÁ en Salmo 84:11 y en 1 de Juan 1:5

"Porque sol y escudo es Jehová Dios;" Salmos 84:11*"Dios es luz, y no hay ningunas tinieblas en él."* 1Juan 1:5

Dios es como un sol. Por lo cual, siguiendo Su Palabra es como andar por un camino iluminado por tanta luz, como la luz misma de su autor, esto es, la luz de Dios.

7. Sin la Palabra no hay deleite.

Probablemente entenderías mejor la importancia de algo cuando estas al tanto de lo que pasaría si no lo tuvieras. En lo anterior, se expusieron algunas de las cosas que la Palabra de Dios es y que por lo tanto podemos fácilmente entender a través de ellas, lo que perderíamos si no la tuviéramos. En los Salmos, sin embargo, hay un pasaje que no habla de los beneficios de la Palabra de Dios, sino lo que pasaría si no fuera nuestro deleite. En el Salmo 119:77 ESCRITO ESTÁ:

"Tu ley es mi delicia." Salmos 119:77 Para David, la Palabra de Dios (la "ley" en los tiempos y administración de David) era su deleite. Ahora para ver lo que pasaría si la Palabra no fuera su deleite, no tenemos que ir más que quince versos más adelante, el verso 92 dice:

"Si tu ley no hubiese sido mi delicia, Ya en mi aflicción hubiera perecido." Salmos 119:92

Puede ser que algunas veces vengan períodos difíciles, en los cuales puede que haya ligera y temporal aflicción (2 de Corintios 3:17 y 1 de Pedro 1:6). Sin embargo, eso no significa que en esos tiempos la Palabra

de Dios deja de ser fuente constante de gozo, la lámpara a nuestros pies y el alimento para nuestras vidas. No hay situación ni circunstancia que pueda hacer que la Palabra brille menos de lo que es o que pierda su valor. Dios es el mismo Dios amoroso y poderoso tanto en las buenas como en las malas. Su Palabra, es la misma Palabra confiable. Sin embargo, NOSOTROS tenemos que tener cuidado de mantener la flama de la Palabra siempre encendida en nuestros corazones. Tristeza, presión y aflicción puede que algunas veces vengan, pero no podrán vencernos mientras que la Palabra de Dios sea nuestra delicia. Dios es un Dios fiel y siempre nos hará más que vencedores si confiamos en Él. (Romanos 8:37)

Habiendo visto algunas de las cosas que la Palabra de Dios es, ya debería haber quedado claro los grandes beneficios que tendremos al creerla y ponerla en lo profundo de nuestro corazón. Sin embargo, vamos a ver también algunos resultados más que esta Palabra tendrá si meditamos en ella, esto es, si la hacemos el enfoque de nuestra mente y pensamientos.

Para ver lo que la Palabra predice para aquel que la hace el enfoque de su mente vamos al Salmo 1:1-3 Pues ESCRITO ESTA:

"Bienaventurado el varón que no anduvo en consejo de malos, Ni estuvo en camino de pecadores, Ni en silla de escarnecedores (burladores) se ha sentado; Sino que en la ley de Jehová está su delicia, Y en su ley medita de día y de noche. Será como árbol plantado junto a corrientes de aguas, que da su fruto en su tiempo, Y su hoja no cae; Y todo lo que hace, prosperará."

¿Hay alguno de nosotros que no quiera prosperar? No lo creo. Sin embargo, ¿Cómo lo podemos obtener? De acuerdo al pasaje anterior la manera es meditando en la Palabra de Dios. Si la practicamos correctamente y la hacemos el enfoque de nuestra mente, entonces, cualquier cosa que hagamos, complacerá a Dios puesto que provendrá de una mente en la que la Palabra de Dios tiene el primer lugar, así que, de acuerdo al pasaje anterior prosperaremos y seremos "bendecidos" (felices) y como árboles FRUCTÍFEROS plantados junto a las corrientes de las aguas.

Los efectos de la meditación en la Palabra de Dios se hacen más que claros al echarle un vistazo al libro de Josué. Josué fue el sucesor de Moisés en el liderazgo del pueblo de Israel, mientras estaban en camino a la tierra prometida. Teniendo en mente que él era quien guiaría a los israelitas a la tierra prometida, y también sabiendo, al leer los registros correspondientes que no era la gente más fácil de guiar, podemos entender fácilmente cuánto Josué necesitaba prosperidad y prudencia para llevar a cabo esa difícil responsabilidad. Por lo tanto, es interesante ver lo que Dios le aconsejó hacer, para que tuviera esa prudencia y prosperidad. Vamos a Josué 1:5-8, porque ESCRITO ESTÁ:

"Nadie te podrá hacer frente en todos los días de tu vida; como estuve con Moisés, estaré contigo; no te dejaré, ni te desampararé. Esfuérzate y sé valiente; porque tú repartirás a este pueblo por heredad la tierra de la cual juré a sus padres que la daría a ellos. Solamente esfuérzate y sé muy valiente, para cuidar de hacer conforme a toda la ley que mi siervo Moisés te mandó; no te apartes de ella

ni a diestra ni a siniestra, para que seas prosperado en todas las cosas que emprendas. Nunca se apartará de tu boca este libro de la ley, sino que de día y de noche meditarás en él, para que guardes y hagas conforme a todo lo que en él está escrito; porque entonces harás prosperar tu camino, y todo te saldrá bien."*

[Hebreo: "sakal" que significa ser cauteloso, prudente, tener entendimiento, sabiduría, prosperar. Ver número 7919 en la concordancia "Strong". La LXX dice: "y entonces se sabio].

Observa cuán maravillosamente Dios motivó a Josué. Dios no es alguien que se queda a lo lejos sin entender la fortaleza y el consuelo que necesitamos; sino que es un Dios amoroso y cuidadoso. Observa también lo que le dijo a Josué, le dijo para que siempre ("a donde quiera que vayas") prosperes, tenía que ser muy valiente y hacer todo lo que la ley de Moisés ordenaba (La Palabra de Dios en aquella época).

De hecho, él, le dijo que tuviera cuidado y que no se apartara de lo que la ley decía y además, también le dijo que si meditaba en ella de día y de noche, esto es, si la Palabra de Dios era continuamente el enfoque en su mente, prosperaría y actuaría prudentemente. Esos "ENTONCES" que se usan en el pasaje demuestran que su prosperidad y prudencia eran condicionales sobre la posición de la Palabra de Dios en su mente. Ciertamente, solo si la Palabra de Dios es el centro de nuestros pensamientos y actos es que seremos prosperados y prudentes.

Así como el lector puede confirmar al leer la historia de Josué, Josué era, sin lugar a dudas, un hombre que siguió y sirvió a Dios a lo largo de su vida, y era absolutamente próspero y prudente en su tarea.

En conclusión habiendo terminado este capítulo, le aconsejo a cada lector buscar la Palabra de Dios y encontrar por sí mismo lo que ella es para poder echar mano de las promesas que escritas están para nosotros; Sin embargo, creo que ya hemos visto muchas cosas que nos ayudarán en nuestra apreciación de la Palabra de Dios. Resumiendo ahora lo anterior, vimos que la Palabra de Dios, la Biblia, es:

- La verdad,
- Lo más engrandecido de Dios,
- Alimento para la vida,
- Leche para el crecimiento,
- La fuente de gozo,
- Lámpara a nuestros pies,
- Útil para enseñar, para redargüir, para corregir, para instruir en justicia,
- Pura,
- Algo que si hacemos nuestro deleite, la aflicción No nos vencerá,
- Algo que si meditamos, seremos:
  Bendecidos, Como árbol plantado junto a corrietes de agua, Prósperos en todas las cosas que hagamos y Prudentes.

Aunque la lista aquí no termina, creo que es suficiente para demostrarnos la grandeza, la importancia y el valor de la Palabra de Dios. También es suficiente para poner en claro los efectos maravillosos que esta Palabra tendrá en nuestras vidas si la Creemos y la aplicamos.

¿Estas listo para echar mano de todas las promesas? ¿Estas listo para prosperar en todos tus caminos y que todo te salga bien?

Te invito a que nos embarquemos en una jornada para creer, tomar y permanecer en lo que YA está escrito para ti y para mí, porque:

Escrito Está Para El Atribulado:

Salmos 37:39
Pero la salvación de los justos es de Jehová, Y él es su fortaleza en el tiempo de la angustia.

Nahúm 1:7
Jehová es bueno, fortaleza en el día de la angustia; y conoce a los que en él confían.

Salmos 32:7
Tú eres mi refugio; me guardarás de la angustia; Con cánticos de liberación me rodearás.

Salmos 18:2
Jehová, roca mía y castillo mío, y mi libertador; Dios mío, fortaleza mía, en él confiaré; Mi escudo, y la fuerza de mi salvación, mi alto refugio.

Juan 16:33
Estas cosas os he hablado para que en mí tengáis paz. En el mundo tendréis aflicción; pero confiad, yo he vencido al mundo.

Escrito Está Para El Desconsolado:

Salmos 22:24
Porque no menospreció ni abominó la aflicción del afligido, Ni de él escondió su rostro; Sino que cuando clamó a él, le oyó.

Salmos 37:24
Cuando el hombre cayere, no quedará postrado, Porque Jehová sostiene su mano.

Salmos 55:22
Echa sobre Jehová tu carga, y él te sustentará; No dejará para siempre caído al justo.

2 Corintios 1:5
Porque de la manera que abundan en nosotros las aflicciones de Cristo, así abunda también por el mismo Cristo nuestra consolación.

Salmos 9:9
Jehová será refugio del pobre, Refugio para el tiempo de angustia.

Escrito Está Para El Hambriento:

Joel 2:26
Comeréis hasta saciaros, y alabaréis el nombre de Jehová vuestro Dios, el cual hizo maravillas con vosotros; y nunca jamás será mi pueblo avergonzado.

Salmos 147:14
Él da en tu territorio la paz; Te hará saciar con lo mejor del trigo.

Salmos 111:5
Ha dado alimento a los que le temen; Para siempre se acordará de su pacto.

Proverbios 13:25
El justo come hasta saciar su alma; Mas el vientre de los impíos tendrá necesidad.

Salmos 132:15
Bendeciré abundantemente su provisión; A sus pobres saciaré de pan.

Escrito Está Para Los Que Se Levantan Contra Ti:

Job 8:22
Los que te aborrecen serán vestidos de confusión; Y la habitación de los impíos perecerá.

Deuteronomio 28:7
Jehová derrotará a tus enemigos que se levantaren contra ti; por un camino saldrán contra ti, y por siete caminos huirán de delante de ti.

Deuteronomio 20:4
Porque Jehová vuestro Dios va con vosotros, para pelear por vosotros contra vuestros enemigos, para salvaros.

Isaías 54:17
Ninguna arma forjada contra ti prosperará, y condenarás toda lengua que se levante contra ti en juicio. Esta es la herencia de los siervos de Jehová, y su salvación de mí vendrá, dijo Jehová.

Salmos 37:40
Jehová los ayudará y los librará; Los libertará de los impíos, y los salvará, Por cuanto en él esperaron.

Escrito Está Para El Enfermo:

Jeremías 30:17
Mas yo haré venir sanidad para ti, y sanaré tus heridas, dice Jehová; porque desechada te llamaron, diciendo: Esta es Sion, de la que nadie se acuerda.

Éxodo 23:25
Mas a Jehová vuestro Dios serviréis, y él bendecirá tu pan y tus aguas; y yo quitaré toda enfermedad de en medio de ti.

1 Pedro 2:24
Quien llevó él mismo nuestros pecados en su cuerpo sobre el madero, para que nosotros, estando muertos a los pecados, vivamos a la justicia; y por cuya herida fuisteis sanados.

Isaías 53:5
Mas él herido fue por nuestras rebeliones, molido por nuestros pecados; el castigo de nuestra paz fue sobre él, y por su llaga fuimos nosotros curados.

Santiago 5:14-16
¿Está alguno enfermo entre vosotros? Llame a los ancianos de la iglesia, y oren por él, ungiéndole con aceite en el nombre del Señor. Y la oración de fe salvará al enfermo, y el Señor lo levantará; y si hubiere cometido pecados, le serán perdonados. Confesaos vuestras ofensas unos a otros, y orad unos por otros, para que seáis sanados. La oración eficaz del justo puede mucho.

Escrito Está Para El Desesperanzado:

1 Juan 3:3
Y todo aquel que tiene esta esperanza en él, se purifica a sí mismo, así como él es puro.

Proverbios 14:32
Por su maldad será lanzado el impío; Mas el justo en su muerte tiene esperanza.

1Pedro 1:3
Bendito el Dios y Padre de nuestro Señor Jesucristo, que según su grande misericordia nos hizo renacer para una esperanza viva, por la resurrección de Jesucristo de los muertos.

1 Pedro 1:21
Y mediante el cual creéis en Dios, quien le resucitó de los muertos y le ha dado gloria, para que vuestra fe y esperanza sean en Dios.

Salmos 31:24
Esforzaos todos vosotros los que esperáis en Jehová, Y
tome aliento vuestro corazón.

Escrito Está Para El Esclavo Del Pecado:

Ezequiel 36:25-26
Esparciré sobre vosotros agua limpia, y seréis limpiados
de todas vuestras inmundicias; y de todos vuestros ído-
los os limpiaré. Os daré corazón nuevo, y pondré espíri-
tu nuevo dentro de vosotros; y quitaré de vuestra carne
el corazón de piedra, y os daré un corazón de carne. Y
pondré dentro de vosotros mi Espíritu, y haré que an-
déis en mis estatutos, y guardéis mis preceptos, y los
pongáis por obra.

Hechos 10:43
De éste dan testimonio todos los profetas, que todos los
que en él creyeren, recibirán perdón de pecados por su
nombre.

Romanos 6:6-7
Sabiendo esto, que nuestro viejo hombre fue crucifica-
do juntamente con él, para que el cuerpo del pecado sea
destruido, a fin de que no sirvamos más al pecado. Por-
que el que ha muerto, ha sido justificado del pecado.

2 Corintios 5:17
De modo que si alguno está en Cristo, nueva criatura es;
las cosas viejas pasaron; he aquí todas son hechas nue-
vas.

Romanos 6:14
Porque el pecado no se enseñoreará de vosotros; pues no estáis bajo la ley, sino bajo la gracia.

Escrito Está Para Liberarnos De La Pobreza:

Salmos 72:12-13
Porque él librará al menesteroso que clamare, Y al afligido que no tuviere quien le socorra. Tendrá misericordia del pobre y del menesteroso, Y salvará la vida de los pobres.

Salmos 107:41
Levanta de la miseria al pobre, Y hace multiplicar las familias como rebaños de ovejas.

Salmos 113:7
Él levanta del polvo al pobre, y al menesteroso alza del muladar.

Salmos 69:33
Porque Jehová oye a los menesterosos, Y no menosprecia a sus prisioneros.

Salmos 68:10
Los que son de tu grey han morado en ella; Por tu bondad, oh Dios, has provisto al pobre.

Escrito Está para el Desanimado.

Salmos 31:24
Esforzaos todos vosotros los que esperáis en Jehová, Y tome aliento vuestro corazón.

Juan 14:1
No se turbe vuestro corazón; creéis en Dios, creed también en mí.

Isaías 51:11
Ciertamente volverán los redimidos de Jehová; volverán a Sion cantando, y gozo perpetuo habrá sobre sus cabezas; tendrán gozo y alegría, y el dolor y el gemido huirán.

1 Pedro 1:6-9
En lo cual vosotros os alegráis, aunque ahora por un poco de tiempo, si es necesario, tengáis que ser afligidos en diversas pruebas, para que sometida a prueba vuestra fe, mucho más preciosa que el oro, el cual aunque perecedero se prueba con fuego, sea hallada en alabanza, gloria y honra cuando sea manifestado Jesucristo, a quien amáis sin haberle visto, en quien creyendo, aunque ahora no lo veáis, os alegráis con gozo inefable y glorioso; obteniendo el fin de vuestra fe, que es la salvación de vuestras almas.

Filipenses 4:6-8
Por nada estéis afanosos, sino sean conocidas vuestras peticiones delante de Dios en toda oración y ruego, con acción de gracias. Y la paz de Dios, que sobrepasa todo entendimiento, guardará vuestros corazones y vuestros pensamientos en Cristo Jesús. Por lo demás, hermanos, todo lo que es verdadero, todo lo honesto, todo lo justo, todo lo puro, todo lo amable, todo lo que es de buen nombre; si hay virtud alguna, si algo digno de alabanza, en esto pensad. Lo que aprendisteis y recibisteis y oísteis y visteis en mí, esto haced; y el Dios de paz estará con vosotros.

Escrito Está para el preocupado.

1Pedro 5:7
Echando toda vuestra ansiedad sobre él, porque él tiene cuidado de vosotros.

Filipenses 4:19
Mi Dios, pues, suplirá todo lo que os falta conforme a sus riquezas en gloria en Cristo Jesús.

Mateo 6:26-26
Por tanto os digo: No os afanéis por vuestra vida, qué habéis de comer o qué habéis de beber; ni por vuestro cuerpo, qué habéis de vestir. ¿No es la vida más que el alimento, y el cuerpo más que el vestido? Mirad las aves del cielo, que no siembran, ni siegan, ni recogen en graneros; y vuestro Padre celestial las alimenta. ¿No valéis vosotros mucho más que ellas?

Proverbios 3:24
Cuando te acuestes, no tendrás temor, Sino que te acostarás, y tu sueño será grato. No tendrás temor de pavor repentino, Ni de la ruina de los impíos cuando viniere, Porque Jehová será tu confianza, Y él preservará tu pie de quedar preso.

Salmos 119:165
Mucha paz tienen los que aman tu ley, Y no hay para ellos tropiezo.

Escrito Está para el que se Siente Solo.

Isaías 41:10
No temas, porque yo estoy contigo; no desmayes, porque yo soy tu Dios que te esfuerzo; siempre te ayudaré, siempre te sustentaré con la diestra de mi justicia.

Isaías 58:9
Entonces invocarás, y te oirá Jehová; clamarás, y dirá él: Heme aquí....

Génesis 28:15
He aquí, yo estoy contigo, y te guardaré por dondequiera que fueres, y volveré a traerte a esta tierra; porque no te dejaré hasta que haya hecho lo que te he dicho.

Deuteronomio 4:31
Porque Dios misericordioso es Jehová tu Dios; no te dejará, ni te destruirá, ni se olvidará del pacto que les juró a tus padres.

Salmos 27:10
Aunque mi padre y mi madre me dejaran, Con todo, Jehová me recogerá.

Escrito Está para el Deprimido.

Salmos 34:17
Claman los justos, y Jehová oye, Y los libra de todas sus angustias.

Salmos 30:5
Porque un momento será su ira, Pero su favor dura toda la vida. Por la noche durará el lloro, Y a la mañana vendrá la alegría.

1 Pedro 4:12-13
Amados, no os sorprendáis del fuego de prueba que os ha sobrevenido, como si alguna cosa extraña os aconteciese, 13 sino gozaos por cuanto sois participantes de los padecimientos de Cristo, para que también en la revelación de su gloria os gocéis con gran alegría.

Isaías 61:3
A ordenar que a los afligidos de Sion se les dé gloria en lugar de ceniza, óleo de gozo en lugar de luto, manto de alegría en lugar del espíritu angustiado; y serán llamados árboles de justicia, plantíos de Jehová, para gloria suya.

Salmos 147:3
Él sana a los quebrantados de corazón, Y venda sus heridas.

Escrito Está para el Insatisfecho.

Salmos 34:10
Los leoncillos necesitan, y tienen hambre; Pero los que buscan a Jehová no tendrán falta de ningún bien.

Isaías 44:3
Porque yo derramaré aguas sobre el sequedal, y ríos sobre la tierra árida; mi Espíritu derramaré sobre tu generación, y mi bendición sobre tus renuevos.

Proverbio 12:14
El hombre será saciado de bien del fruto de su boca; Y le será pagado según la obra de sus manos.

Salmos 107:9
Porque sacia al alma menesterosa, Y llena de bien al alma hambrienta.

2 Corintios 9:8
Y poderoso es Dios para hacer que abunde en vosotros toda gracia, a fin de que, teniendo siempre en todas las cosas todo lo suficiente, abundéis para toda buena obra.

Escrito Está para el confundido.

Santiago 1:5
Y si alguno de vosotros tiene falta de sabiduría, pídala a Dios, el cual da a todos abundantemente y sin reproche, y le será dada.

Proverbios 3:5
Fíate de Jehová de todo tu corazón, Y no te apoyes en tu propia prudencia.

Reconócelo en todos tus caminos, Y él enderezará tus veredas.

Salmos 32:8
Te haré entender, y te enseñaré el camino en que debes andar; Sobre ti fijaré mis ojos.

1 Corintios 14:33
Pues Dios no es Dios de confusión, sino de paz.

Santiago 3:13-18
¿Quién es sabio y entendido entre vosotros? Muestre por la buena conducta sus obras en sabia mansedumbre. Pero si tenéis celos amargos y contención en vuestro corazón, no os jactéis, ni mintáis contra la verdad; porque esta sabiduría no es la que desciende de lo alto, sino terrenal, animal, diabólica. Porque donde hay celos y contención, allí hay perturbación y toda obra perversa. Pero la sabiduría que es de lo alto es primeramente pura, después pacífica, amable, benigna, llena de misericordia y de buenos frutos, sin incertidumbre ni hipocresía.

Y el fruto de justicia se siembra en paz para aquellos que hacen la paz.

Escrito Está para el Preocupado y Estresado.

Salmos 27:14
Aguarda a Jehová; Esfuérzate, y aliéntese tu corazón; Sí, espera a Jehová.

Lamentaciones 3:25-26
Bueno es Jehová a los que en él esperan, al alma que le busca. Bueno es esperar en silencio la salvación de Jehová.

Romanos 8:25-26
Pero si esperamos lo que no vemos, con paciencia lo aguardamos. Y de igual manera el Espíritu nos ayuda en nuestra debilidad; pues qué hemos de pedir como conviene, no lo sabemos, pero el Espíritu mismo intercede por nosotros con gemidos indecibles.

Hebreos 10:35-36
No perdáis, pues, vuestra confianza, que tiene grande galardón; Porque os es necesaria la paciencia, para que habiendo hecho la voluntad de Dios, obtengáis la promesa. Porque aún un poquito, Y el que ha de venir vendrá, y no tardará.

Salmos 40:1
Pacientemente esperé a Jehová, Y se inclinó a mí, y oyó mi clamor.

Escrito Está Para El Que Cree:

Juan 3:16
Porque de tal manera amó Dios al mundo, que ha dado a su Hijo unigénito, para que todo aquel que en él cree, no se pierda, mas tenga vida eterna.

Hechos 10:43
De éste dan testimonio todos los profetas, que todos los que en él creyeren, recibirán perdón de pecados por su nombre.

Juan 1:12
Mas a todos los que le recibieron, a los que creen en su nombre, les dio potestad de ser hechos hijos de Dios.

Hechos 16:31
Ellos dijeron: Cree en el Señor Jesucristo, y serás salvo, tú y tu casa.

Juan 6:35
Jesús les dijo: Yo soy el pan de vida; el que a mí viene,

nunca tendrá hambre; y el que en mí cree, no tendrá sed jamás

Escrito Está Para El Que Ama A Dios:

Deuteronomio 7:9
Conoce, pues, que Jehová tu Dios es Dios, Dios fiel, que guarda el pacto y la misericordia a los que le aman y guardan sus mandamientos, hasta mil generaciones

Proverbios 8:17
Yo amo a los que me aman, Y me hallan los que tempra-no me buscan.

Juan 14:21
El que tiene mis mandamientos, y los guarda, ése es el que me ama; y el que me ama, será amado por mi Padre, y yo le amaré, y me manifestaré a él.

Proverbios 8:21
Para hacer que los que me aman tengan su heredad, Y que yo llene sus tesoros.

Escrito Esta Para El Que Busca A Dios:

2 Crónicas 15:2
...Jehová estará con vosotros, si vosotros estuviereis con él: y si le buscareis, será hallado de vosotros; más si le dejareis, él también os dejará.

Hebreos 11:6
Pero sin fe es imposible agradar a Dios; porque es necesario que el que se acerca a Dios crea que le hay, y que es galardonador de los que le buscan.

Hechos 17:27
Para que busquen a Dios, si en alguna manera, palpando, puedan hallarle, aunque ciertamente no está lejos de cada uno de nosotros.

Lamentaciones 3:25
Bueno es Jehová a los que en él esperan, al alma que le busca.

Job 8:5-6
Si tú de mañana buscares a Dios, Y rogares al Todopoderoso; Si fueres limpio y recto, Ciertamente luego se despertará por ti, Y hará próspera la morada de tu justicia.

Escrito Está Para El Que Busca Su Perdón:

1 Juan 1:9
Si confesamos nuestros pecados, él es fiel y justo para perdonar nuestros pecados, y limpiarnos de toda maldad.

Isaías 55:7
Deje el impío su camino, y el hombre inicuo sus pensamientos, y vuélvase a Jehová, el cual tendrá de él misericordia, y al Dios nuestro, el cual será amplio en perdonar.

2 Crónicas 30:9
Porque si os volviereis a Jehová, vuestros hermanos y vuestros hijos hallarán misericordia delante de los que los tienen cautivos, y volverán a esta tierra: porque Jehová vuestro Dios es clemente y misericordioso, y no apartará de vosotros su rostro, si vosotros os volviereis a él.

Jeremías 33:8
Y los limpiaré de toda su maldad con que pecaron contra mí; y perdonaré todos sus pecados con que contra mí pecaron, y con qué contra mí se rebelaron.

Isaías 43:25
Yo, yo soy el que borro tus rebeliones por amor de mí mismo, y no me acordaré de tus pecados.

Escrito Está Para El Humilde:

Mateo 23:12
Porque el que se enaltece será humillado, y el que se humilla será enaltecido.

Proverbios 3:34
Ciertamente él escarnecerá a los escarnecedores, Y a los humildes dará gracia.

Santiago 4:6
Pero él da mayor gracia. Por esto dice: Dios resiste a los soberbios, y da gracia a los humildes.

Proverbios 22:4
Riquezas, honra y vida Son la remuneración de la humildad y del temor de Jehová.

Proverbios 29:23
La soberbia del hombre le abate; Pero al humilde de espíritu sustenta la honra.

Escrito Está Para El Justo:

Proverbios 11:28
El que confía en sus riquezas caerá; Mas los justos reverdecerán como ramas.

Salmos 5:12
Porque tú, oh Jehová, bendecirás al justo; Como con un escudo lo rodearás de tu favor.

Isaías 3:10
Decid al justo que le irá bien, porque comerá de los frutos de sus manos.

Salmos 58:11
Entonces dirá el hombre: Ciertamente hay galardón para el justo; Ciertamente hay Dios que juzga en la tierra.

Proverbios 13:21
El mal perseguirá a los pecadores, Mas los justos serán premiados con el bien.

Escrito Está Para El Que Ora:

Mateo 21:22
Y todo lo que pidiereis en oración, creyendo, lo recibiréis.

Isaías 65:24
Y antes que clamen, responderé yo; mientras aún hablan, yo habré oído.

Santiago 5:16
Confesaos vuestras ofensas unos a otros, y orad unos por otros, para que seáis sanados. La oración eficaz del justo puede mucho.

Juan 15:7
Si permanecéis en mí, y mis palabras permanecen en vosotros, pedid todo lo que queréis, y os será hecho.

Mateo 7:7-8
Pedid, y se os dará; buscad, y hallaréis; llamad, y se os abrirá. Porque todo aquel que pide, recibe; y el que busca, halla; y al que llama, se le abrirá.

Escrito Está Para El Paciente:

Hebreos 6:12
A fin de que no os hagáis perezosos, sino imitadores de aquellos que por la fe y la paciencia heredan las promesas.

Hebreos 10:36
Porque os es necesaria la paciencia, para que habiendo hecho la voluntad de Dios, obtengáis la promesa.

Santiago 1:2-4
Hermanos míos, tened por sumo gozo cuando os halléis en diversas pruebas, sabiendo que la prueba de vuestra fe produce paciencia. Mas tenga la paciencia su obra completa, para que seáis perfectos y cabales, sin que os falte cosa alguna.

Gálatas 6:9
No nos cansemos, pues, de hacer bien; porque a su tiem-
po segaremos, si no desmayamos.

Santiago 5:7-8
Por tanto, hermanos, tened paciencia hasta la venida del
Señor. Mirad cómo el labrador espera el precioso fruto
de la tierra, aguardando con paciencia hasta que reciba
la lluvia temprana y la tardía.

Tened también vosotros paciencia, y afirmad vuestros
corazones; porque la venida del Señor se acerca.

Escrito Está Para El Que Cree En La Palabra:

Josué 1:8
Nunca se apartará de tu boca este libro de la ley, sino
que de día y de noche meditarás en él, para que guardes
y hagas conforme a todo lo que en él está escrito; porque
entonces harás prosperar tu camino, y todo te saldrá
bien.

Santiago 1:21-25
Por lo cual, desechando toda inmundicia y abundancia
de malicia, recibid con mansedumbre la palabra implan-
tada, la cual puede salvar vuestras almas. Pero sed ha-
cedores de la palabra, y no tan solamente oidores, enga-
ñándoos a vosotros mismos. Porque si alguno es oidor
de la palabra pero no hacedor de ella, éste es semejante
al hombre que considera en un espejo su rostro natural.
Porque él se considera a sí mismo, y se va, y luego olvida
cómo era.

Mas el que mira atentamente en la perfecta ley, la de la libertad, y persevera en ella, no siendo oidor olvidadizo, sino hacedor de la obra, éste será bienaventurado en lo que hace.

Salmos 119:105
Lámpara es a mis pies tu palabra, Y lumbrera a mi camino.

2 Timoteo 3:15-16
Y que desde la niñez has sabido las Sagradas Escrituras, las cuales te pueden hacer sabio para la salvación por la fe que es en Cristo Jesús. 16 Toda la Escritura es inspirada por Dios, y útil para enseñar, para redargüir, para corregir, para instruir en justicia.

Apocalipsis 1:3
Bienaventurado el que lee, y los que oyen las palabras de esta profecía, y guardan las cosas en ella escritas; porque el tiempo está cerca.

Escrito Está Para El Que Busca La Paz:

Juan 14:27
La paz os dejo, mi paz os doy; yo no os la doy como el mundo la da. No se turbe vuestro corazón, ni tenga miedo.

Filipenses 4:7
Y la paz de Dios, que sobrepasa todo entendimiento, guardará vuestros corazones y vuestros pensamientos en Cristo Jesús.

Colosenses 3:15
Y la paz de Dios gobierne en vuestros corazones, a la que asimismo fuisteis llamados en un solo cuerpo; y sed agradecidos.

2 Tesalonicenses 3:16
Y el mismo Señor de paz os dé siempre paz en toda manera. El Señor sea con todos vosotros.

Isaías 57:19
Produciré fruto de labios: Paz, paz al que está lejos y al cercano, dijo Jehová; y lo sanaré.

Escrito Está Para Tu Prosperidad.

Proverbios 15:6
En la casa del justo hay gran provisión; Pero turbación en las ganancias del impío.

Proverbios 22:4
Riquezas, honra y vida Son la remuneración de la humildad y del temor de Jehová.

Deuteronomio 30:9-10
Y te hará Jehová tu Dios abundar en toda obra de tus manos, en el fruto de tu vientre, en el fruto de tu bestia, y en el fruto de tu tierra, para bien; porque Jehová volverá a gozarse sobre ti para bien, de la manera que se gozó sobre tus padres, cuando obedecieres a la voz de Jehová tu Dios, para guardar sus mandamientos y sus estatutos escritos en este libro de la ley; cuando te convirtieres a Jehová tu Dios con todo tu corazón y con toda tu alma.

Isaías 30:23
Entonces dará el Señor lluvia a tu sementera, cuando siembres la tierra, y dará pan del fruto de la tierra, y será abundante

Escrito Está Para El Manso.

San Mateo 5:5
Bienaventurados los mansos, porque ellos recibirán la tierra por heredad.

Salmo 25:9
Encaminará a los humildes por el juicio, y enseñará a los mansos su carrera.

Salmo 37:11
Pero los mansos heredaran la tierra, y se recrearan con abundancia de paz.

Sofonías 2:3
Buscad a Jehová todos los humildes de la tierra, los que pusisteis por obra su juicio; buscad justicia, buscad mansedumbre; quizás seréis guardados en el día del enojo de Jehová.

Isaías 11:4
Sino que juzgara con justicia a los pobres, y argüirá con equidad por los mansos de la tierra.

Escrito Está Para El Que Perdona.

San Mateo 6:14
Porque si perdonáis a los hombres sus ofensas, os perdonará también a vosotros vuestro padre celestial.

Proverbios 20:22
No digas: Yo me vengaré; Espera a Jehová, y él te salvará.

San Lucas 6:37
No juzguéis, y no seréis juzgados; no condenéis, y no seréis condenados; Perdonad, y seréis perdonados.

San Mateo 11:25
Y cuando estéis orando perdonad, si tenéis algo contra alguno, para que también vuestro padre que está en los cielos os perdone a vosotros vuestras ofensas.

San Mateo 11:26
Pero si vosotros no perdonáis, tampoco vuestro padre que está en los cielos os perdonará vuestras ofensas.

Escrito Está Para El Que Necesita Guía.

Salmos 48:14
Porque este Dios es Dios nuestro eternamente y para siempre; él nos guiara aún más allá de la muerte.

Salmos 37:23
Porque en Jehová son ordenados los pasos del hombre y él aprueba su camino.

Proverbios 3:6
Reconocedlo en todos tus caminos, y el enderezara tus veredas.

Salmos 32:8
Te hare entender, y te enseñaré el camino en el que debes andar; sobre ti fijaré mis ojos.

Isaías 42:16
Y guiaré a los ciegos por camino que no sabían, les haré andar por sendas que no habían conocido; delante de ellos cambiaré las tinieblas en luz, y lo escabroso en llanura. Estas cosas les haré, y no los desampararé.

Escrito Está Para La Vejez.

Proverbios 20:29
La gloria de los jóvenes es su fuerza y la hermosura de los ancianos es su vejez.

Job 12:12-13
En los ancianos esta la ciencia y en la larga edad la inteligencia. Con Dios está la sabiduría y el poder; suyo es el consejo y la inteligencia.

Deuteronomio 5:33
Andad en todo el camino que Jehová vuestro Dios os ha mandado, para que viváis y os vaya bien y tengáis largos días en la tierra que habéis de poseer.

Proverbios 3:1-2
Hijo mío, no te olvides de la ley, y tu corazón guarde mis mandamientos; porque largura de días y años de vida y paz te aumentaran.

Salmos 91:15-16
Me invocará, y yo le responderé; con él estaré yo en la angustia. Lo libraré y le glorificaré. 16 Lo saciaré de larga vida, y le mostraré mi salvación.

RECURSOS

Comentario Bíblico Mathew Henry 13 tomos en 1

Napoleón Hill- Piense y hágase Rico

H. Norman Wright- Haz la Paz con tu Pasado

John C. Maxwell- Como las Personas Exitosas Piensan

James Allen- Taller del Éxito

Dr. Lair Ribeiro- El Éxito No llega por Casualidad

Aleida Lopez de Steinmetz Versión Bíblica Reina Valera 1960

Mateo y Juan- Cuentos que mis Jefes nunca me Conto- Que harías sino tuvieras miedo por Borja Bilaseca

www.gotquestions.org
www.centrorey.org
RecursosDavidmontalvo.com
Soraya-founty.blogspot.com
Psicologiapersonalencrisis.blogspot.com
Blog.m633.com
Wikipedia.org
es.thefreedicctionary.com